教育改革と現代社会

小川哲哉［編著］

青簡舎

はじめに

およそ３年にも及んだコロナ禍は、社会生活を一変させたが、学校教育にも大きな影響を与えた。教師や児童生徒たちが対面で行うコミュニケーションは阻害され、一時期学校に行くことさえ困難になった。こうした状況に対処するため、2021（令和３）年１月26日には中央教育審議会が「『令和の日本型学校教育』の構築を目指して ～全ての子供たちの可能性を引き出す、個別最適な学びと、協働的な学びの実現～」を答申し、この状況を乗り越え、これからの学校教育を根本的に改革していくプランの緊急提言を行った。

この提言によって GIGA スクール構想の実現に向けた取り組みが、これまで以上のスピード感を持って進められることになった。すでに文部科学省は、高度情報化社会がより発展したSociety 5.0時代の到来を見込んで、そのための GIGA スクール構想を提案していたが、コロナ禍はその構想の実現を早める結果になったと言われている。かくしてオンライン授業が急遽導入され、デジタル資料を使って行う教育活動が日常的になった。社会全体でも職場のオンライン化やデジタル化の必要性が高まる中、学校教育においても ICT の活用は不可欠の要素になった。

このような教育改革が進む中で、これからの児童生徒には、Society5.0時代への対応や、予測困難で将来が見えにくい時代を生き抜くため、こうした時代状況に対応できる資質・能力の育成が強く求められることになっている。すなわち、個々の児童生徒が、自己のより良き部分や可能性を認識し、他者を尊重しながら多様な人と協働活動を行い、豊かな人生を切り開き、持続可能な社会創造に参画できる資質能力を獲得することは、急務の課題となっている。

本書は、以上のような教育課題に応えるために、第１部では「文教政策と教育改革の動向」を正確に見極めていくための論考を数多く掲載した。第1章では、公教育制度の歴史的起源を明らかにしながら、令和の日本型学校教育の内実を考察した。第2章では、現代社会と教育改革の特徴と問題点を新自由主義と大国主義の観点から分析し、現代教育のあるべき姿を論究した。第3章では、文教政策と教育課程の問題をカリキュラムの歴史的起源に遡りながら、現代の学力問題を教育課程論の観点から分析した。第4章では、近年学校教育現場で極めて重要になっている教育評価の問題を取り上げ、その教育学的意味を明らかにした。第5章では、わが国の戦前・戦後の教員養成教育とその改革動向を考察しながら、教職の現代的課題を論究した。

第2部では、第1部で明らかにした政策的動向の分析に基づきながら、多彩な様相を呈している現代の「学校教育の多様性」に関する論考を収録した。第6章では、今日の学校教育の基盤となる主要な教育学者の教育思想を概観した。第7章では、学校教育において教科教育と並んで重要な教科外教育の史的変遷と、その現状を明らかにした。第8章では、近年諸外国で注目されつつあるわが国の「特別活動」を導入しているエジプトの事例を取り上げ、その特質を明らかにした。第9章では、高校のホームルーム活動における公共性をめぐる討議活動の実践例を紹介した。第10章では、総合的な探究の時間における探究学習の理論と実践について論究した。第11章では、特別の支援を必要とする児童生徒に対する文教政策の動向を概観した。第12章では、小1プロブレムの解決を図るための生活科の動向と、保幼小連携の実態について分析した。

さらに、関連資料としては、基本的な教育法規だけではなく、学校教育現場と直接関わる重要な教育関係資料を収録した。特に「『令和の日本型学校教育の構築を目指して』は付録として掲載し、これからのわが国の教育改革の方向性を理解する一助とした。

以上のように本書では、広範囲な文教政策の動向を概観し、今の教育現場が抱えている諸問題に切り込みながら、これからのわが国の教育改革と学校教育の諸課題をできる限り多様な側面から明らかにしている。そのため対象とする読者も、単に教育行政や教育現場の関係者、教職課程の学生諸氏だけでなく、教育問題にご関心のある一般の方々まで多岐にわたっている。ご一読いただければ幸いである。

編著者　小川哲哉

執筆者紹介

小川　哲哉　　茨城大学全学教職センター特任教授
編著者、第１章、第３章、第４章、第６章、第10章、第11章

江玉　睦美　　東九州短期大学教授
第７章

勝山　吉章　　福岡大学人文学部教授
第２章

佐喜本　愛　　九州大学基幹教育院准教授
第８章

坂本　達也　　広島大学大学院
第５章、第12章

佐藤　　環　　茨城大学教育学部教授
第９章

目　　次

第１部

文教政策と教育改革の動向

第１章　公教育制度と教育改革の展開

1　公教育制度の変遷

「公教育」は、公的な目的に沿って国家的な見地から、計画的・組織的に行われる意図的な教育のことである。そのため、大人が自分自身や関わりのある子弟に対して自由に行う教育としての「私教育」とは区別されている。我が国の公教育制度の規定は、近代的な「学校教育制度」を初めて定めた教育法令の「学制」がその始まりであると言ってよい。本章では、我が国の教育制度の歴史的変遷をたどりながら、それに並行して進められてきた教育改革の動向について考察したい。

(1) 戦前の学校教育制度

周知のごとく1872（明治５）年に制定された学制によって、我が国の公教育制度は開始された。学制は、当時のフランスの中央集権的学校教育制度をベースにしており、大学・中学・小学の３段階の学校教育の機会を与えたもので、これによって国民に対する教育の機会が開かれることになった。

学制序文には、「人々自ら其身を立て其産を治め其業を昌にして以て其生を遂るものは他になし」と書かれており、個々人の「立身出世」こそが国家繁栄と富国を実現させるものであり、明治期の個人主義的自由主義の影響が見て取れる。序文ではさらに「身を脩め智を開き才藝を長するによるなり。而て其身を脩め智を開き才藝を長する學にあらわされは能わず。是れ學校の設あるゆゑん」と続き、徳を身に付け、個々人の才能の伸長を可能にする場所が、「学校」であることを明記している。そして「幼童の子弟は男女の別なく小学に従事せしめざるものは其父兄の越度たるべき事」として、国民皆学と親の子どもに対する就学義務を規定している。そのため、下等小学校4年と上等小学校4年の8年制小学校が設立されることになった。ただ、小学校の設立とその維持には多額の予算が必要であり、それが公費ではなく民費に依存していたため、負担に耐えかねた人々による学校一揆が起こることもあったと言われている。

学制は、1879（明治12）年に廃止され、地方に学校の設置や就学義務を委ねる教育令が出されたが、翌年の1880（明治13）年には、再び中央統制の色彩の濃い教育令に改正された。義務教育という文言が登場したのは1886（明治19）年の勅令の「小学校令」であるが、この小学校令は3度の改正を繰り返したので（1941（昭和16）年には国民学校令に改正）、戦前期には修業年限が異なりながらも、3～6年生の尋常小学校が義務教育課程の基本となっていった。

戦前において小学校卒業後に、中学校へと進学する児童の数は多くはなく、むしろ自己の希望する職業に応じて多様な学校制度が提供されており、各学校には相互のつながりがないため、一度選択した進路を途中で変えることが難しいいわゆる「複線型」の学校教育制度になっていた。以下の図1の学校系統図は、1919（大正8）年のものであるが、この時期に高等教育機関まで含めた学校教育制度の整備がほぼ終わり、帝国大学へと進学するルート、師範学校へと進むルート、そして実業学校へと進むルールに分かれる学校制度が確立する。

ただし、このように進路について多様なルートが用意されていたとしても、当時の庶民の大部分は義務教育課程の尋常小学校卒か、高等小学校卒であり、中学や高等女学校卒の人々は10人に一人か二人であり、さらに旧制の高等学校卒になるとほんの一握りであったと言われている。

(2) 戦後の学校教育制度

終戦を機に我が国の教育は、連合国最高司令官総司令部（GHQ）の司令下

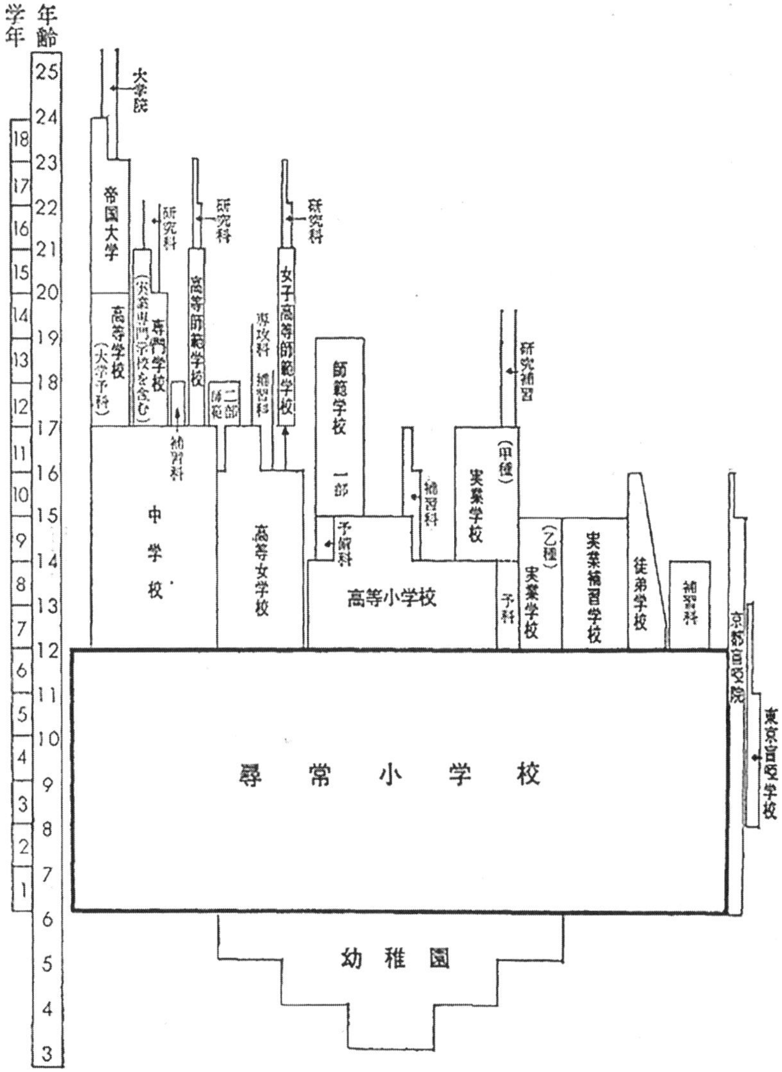

図１　大正８年　学校系統図

https://www.mext.go.jp/b_menu/hakusho/html/others/detail/1318188.htm

におかれ、民主的な教育の実現のために４大教育指令が出されることになる。これは1945（昭和20）年の10月から12月にかけて出された指令で、９月に政府が公表した「新日本建設ノ教育方針」（国體の堅持、旧来の政治体制の維持等）とは比較にならないほど厳しい変革を迫る内容になっていた。すなわち、①日本教育制度の徹底管理、②超国家主義者の教職追放、③神道教育や天皇制賛美の教育の禁止、④修身・国史・地理教育の停止であった。こうした指令と共に、教育制度改革で注目されるのは、学校教育法に基づいて戦前の複線型の学校教育制度から「単線型」の制度へ転換されたことである。すなわち、共通の修業年限や学習内容が決められ、小学校６年、中学校３年、高等学校３年、大学４年のいわゆる「６・３・３・４制」の学校教育制度への転換である。

さらに注目される民主的教育改革としては、教育基本法第３条に規定された「教育の機会均等」である。この条文により、階級や出自に関わりなく、全ての子どもたちの教育の機会均等が保障されることになった。第４条では、小学校だけではなく中学校も含んだ義務教育の学費を全て無償化し、中学校までを対象とする義務教育の就学率をほぼ100％にさせた。

2　戦後の教育改革と文教政策の展開

戦後の学校教育制度の枠組みが作られ、戦前の学校教育制度とは根本的異なる民主的な教育体制が構築されるまでが、戦後最初の大きな教育改革であるとすれば、次に大きな教育改革の動きが始まるのが、1971（昭和46）年であった。この年に中央教育審議会（以下、中教審）に答申された「今後における学校教育の総合的な拡充整備のための基本的施策について」（以下、46答申）では、戦後期を乗り越え、高度経済成長を実現させた我が国の教育をさらに質的に転換させることが強調されている。

（1）46答申における教育改革の提言

46答申が提言された社会的背景としては、いわゆるベビーブーム世代の出現と急激な経済成長に伴う社会変容がある。戦後一時期減少していた出生数は、1971年には再び200万人を超えるようになり、学校教育の量的拡大が求められるようになった。さらに、高い経済成長率が所得の安定を生み出し、その結果、高等学校への進学希望者が急増し、1975年の高校進学率は91.9％になり、10年前の70.7％から20％も増加した。こうした社会変容によって、従来の学校教育は量的にも、質的にも大きな変革が求められるようになった。46答申は、こうした諸課題に応えるものであった。そのため答申では、以下の三つの改革を提言している。

先ず第一は、学校教育の総合的な施策としての初等・中等教育の学校体系改革であった。より具体的には、４・５歳児から小学校低学年までを一貫する学校の設置や中高一貫校の設置等、今日の義務教育学校や中等教育学校にも通じるような学校体系の根本的な組み替えであった。さらに、高等教育機関の種別化・類型化による高等教育の多様化も提言している。第二は、就学前教育の充実策である幼稚園教育の普及・拡大と、特別支援教育の充実を含む教育の機会均等の実現による学校教育の一層の量的拡大であった。第三は、教育の質的向上に関わるもので、教育課程や授業方法の改善や学級編制の改革による教育条件の水準の維持、教員の養成・研修・待遇改善、さらには学校の管理運営体制の効果的な改革が含まれていた。

（2）「ゆとり教育」を目指す教育改革の提言

1973（昭和48）年に勃発した第四次中東戦争に端を発する石油危機は、経済成長率を大きく下げる要因となり、低経済成長への転換を余儀なくさせた。学校教育も量的拡大から転換を求められると共に、すでに顕在化していた多様な教育病理現象への対応が急務の課題となる。学校教育の量的拡大が生み出した教育内容の増加は、学習についていけない大量の「落ちこぼれ」の児童生徒を生み出していたし、いじめや不登校問題、少年犯罪や校内暴力等の教育病理現象は深刻化していた。そのための様々な文教施策は、総称して「ゆとり教育」と呼ばれた。この教育は、1977（昭和52）年、1989（平成元）年、1998（平成10）年の学習指導要領の改訂に合わせた教育改革に具現化された。

先ず1977年の学習指導要領では、落ちこぼれの子どもたちへの対応として、学習指導要領の基準の大綱化が図られ、教育内容の弾力化が認められ小・中学校では授業時間の削減がなされた。その削減された時間で、各学校が創意工夫する学習活動の時間に充てられた。体力増進活動や、自然や文化に触れる体験活動、クラブ活動等自主的・自発的活動等が推奨された。1989年の学習指導要領では、社会の変化に自ら対応できる豊かな人間性を育成させることが重視され、脱偏差値教育に代わる新学力観に基づく「個性尊重教育」が目指された。新学力観とは、知識・理解・技能の習得以上に、子どもたちの関心・意欲・態度を重視した個々の子どもの能力に合った学力育成を目指す教育観のことである。ここには、中央教育審議会（以下、中教審）よりも首相の諮問機関として設置された臨時教育審議会（1985～1987年）における教育改革の提言の影響が大きかったと言われており、生涯学習体系への移行を進めながら、従来学校教育が中心となって進めていた学びのあり方を、家庭・学校・社会の相互連携による統合的な教育体系へと転換することが求められた。

ゆとり教育の集大成となった1998年の学習指導要領の改訂に伴う大きな教育改革で注目されるのは、「総合的な学習の時間」の創設である。同年の教育課程審議会答申では、この時間を自ら学び考える力などの「生きる力」をはぐぐむことを目指す極めて重要な学習の時間と見なし、その重要性を提言している。総合的な学習の時間では、各学校が創意工夫して、各教科等の枠組みを超えた教科横断的な学習の実施が求められ、問題探究や問題解決型の学習活動の展開が、ゆとりの時間を十分に活用して行われたと言われている。

そのために、週２回の授業時間を割くことが必要になっていた。

(3) ゆとり教育と学力低下問題

1977年の学習指導要領の改訂から始まったゆとり教育の集大成は、1998年の総合的な学習の時間の創設に象徴されていると言ってよいであろう。ところが、2004（平成16）年12月に公表されたOECDによる生徒の学習到達度調査（以下、PISA）の結果が予想以上に悪く、特に「読解力」（reading literacy）に大きな課題があることや、諸外国の生徒と比較して学習に対する意欲や学校外で学ぶ時間が低いことが判明した。これは「PISA ショック」と呼ばれ、多くの教育関係者や保護者からは「ゆとり教育が、子どもたちの学力低下を招いたのではないか」との批判が相次いだ。ただ、子どもの学力低下問題は、すでに学習指導要領改訂直後の1999（平成11）年から指摘されており、大学生の学力低下問題（「分数のできない大学生」等）として論争になり、学習指導要領改訂そのものの賛否にまで発展していた。PISA ショックは、この論争の意義をあらためて確認することになり、新たな教育改革の必要性が喫緊の課題となった。

3　ゆとり教育から「確かな学力」への教育改革

学力低下問題は、その後の文教政策、特に2006（平成18）年の改正教育基本法と2007（平成19）年の改正学校教育法の制定、2008（平成20）年の学習指導要領改訂に大きな影響を及ぼした。特に、改正学校教育法では、第30条２項で、子どもたちの学力育成の重要な項目として、①基礎的な知識及び技能の習得、②基礎的知識・技能を活用して課題を解決するために必要な思考力、判断力、表現力その他の能力の育成、③主体的に学習に取り組む態度の養成が規定された。これらは総称して「学力の三要素」と呼ばれている。

この法律改正を受ける形で2017（平成29）の学習指導要領では、改訂の方向性として図２のように、「何ができるようになるか」、「何を学ぶか」、「どのように学ぶのか」の三つのカテゴリーでまとめられている。

このような三つカテゴリーの中でも、2017年の学習指導要領では、「何ができるようになるか」に学力の三要素を対応させて、新しい時代に必要となる「資質・能力」として次の三つの柱を立てている。それが、①生きて働く「知識・技能」の習得、②思考力・判断力・表現力等、③学びに向かう力・人間性等である。ここで注意したいのは、従来の学習指導要領の教育目標とは違い、資質・能力が目標に設定されたことである。これまでの学習指導要領の教育目標は、各教科等で教えられるべき内容、すなわち「何を知っているのか」であったが、資質・能力の育成とは、知っていることを活用して「何かをできるようになること」を意味しており、このような教育目標の捉

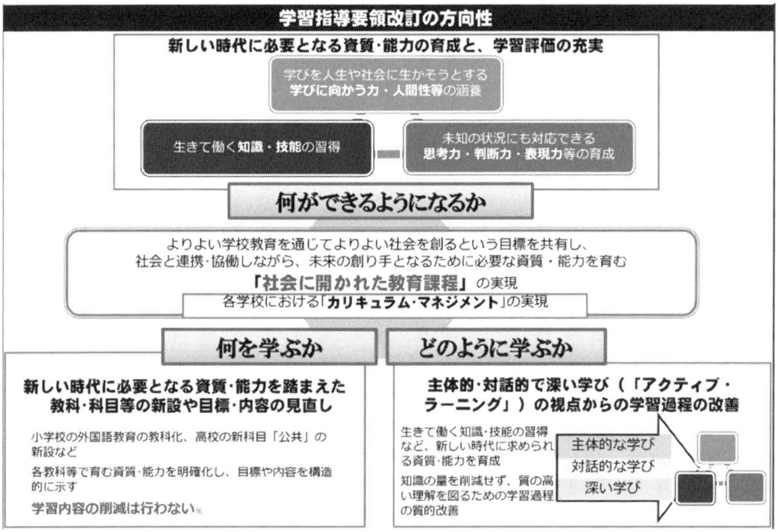

図２　学習指導要領改訂の方向性

https://www.mext.go.jp/a_menu/shotou/new-cs/__icsFiles/afieldfile/2017/09/28/1396716_1.pdf

え方が従来とは大きく異なっている。こうした教育目標観は、基本的にはOECDが2015（平成27）年に21世紀型スキル習得のためのプロジェクト「Education2030」で使われていたSociety5.0時代のコンピテンシーやリテラシーを想起させるものである。ただ、学習指導要領で使われている資質・能力は、それだけではなく知識まで含めて学力の三要素を概念規定している点に特徴がある。つまり、資質・能力を育成していくことが、学力の育成に直接的につながっている点に注意したい。

従来の教育では既存の知識や技能を着実に習得することが重視されていたが、今後起こり得る未来の予測不能な諸問題の解決には、既存の知識や技能だけでは対応できない事態もあり得る。むしろ、これまで知識や技能を、問題解決のために活用・応用したりする必要があるかもしれないし、知識や技能の理解の質を高める必要があるかもしれない。そのためには、子どもたちの思考力・判断力・表現力等の育成を高めることが重要な教育課題となる。

こうした確かな学力の育成のための具体的な取り組みとしては、時代に即応した学習内容や学習方法の開発が求められるし、子どもたちの学習が効果的な成果をもたらしているかを適切に判断すること、すなわち適切な教育評価方法の開発も重要である。子どもたち自身が自ら考えて行動する「主体的・対話的で深い学び（アクティブ・ラーニングの視点）」の導入が試みられているし、問題探究型の学習活動が進められている。特に多様な問題を協働しながら話し合い、問題解決を図るような討議型の話し合い活動が重視されていることにも注意したい。

4　「令和の日本型学校教育」が目指す教育改革

(1) 令和の日本型学校教育が意味するもの

中教審での審議を経て2017（平成29）年に改訂された新学習指導要領の方針に沿った学校教育は、2020（令和２）年には小学校が、2021（令和３年）年には中学校で全面実施され、2022（令和４）年には高校において年次進行で行われている。

これまで中教審で審議された学習指導要領は、改訂後速やかにその方針に則った教育実践を現場で実現させることが求められてきた。ところが今回改訂後の2021年１月26日、間髪を入れず再度中教審答申「令和の『日本型学校教育』の構築を目指した～すべての子供たちの可能性を引き出す、個別最適な学びと協働的な学びの実現～」（以下、令和の日本型学校教育答申）が公表された。これは極めて異例なことであると言ってよい。

こうした教育改革の動きには、これまでに類例のないほどの時代の変化とその大きなうねりが影響していることは間違いない。特に新型感染症の爆発的な拡大（以下、コロナ禍）は、日常生活を根本的に変えた。それは単に医療現場のひっ迫の問題にとどまらず、人間の生活スタイルを大きく変え、人々の普段の外的行動を大幅に制限し、コミュニケーションのあり方そのものも変えてしまった。そのような変容によって、以前から対応が求められていたにも関わらず、十分に取り組めていなかった教育的・社会的問題が、喫緊の課題となったのである。

令和の日本型学校教育答申では、そのような喫緊の課題として、①子供たちの多様化、②教師の長時間労働の問題、③少子高齢化・人口減、コロナ禍問題等、を取り上げている。そして、こうした課題の解決のためには新学習指導要領の円滑な実施だけでは不十分であり、Society5.0時代を見据えた教育的取り組みが不可欠だと判断され、多様な取り組みが、答申では提言されている。

ただ、この答申で最も重視される点は、コロナ禍によって図らずも露呈した日本の学校教育のICT 活用の不十分さ（ソフト面）と、そのためのインフラの脆弱さ（ハード面）であった。諸外国と比較しても極めて不十分なこのソフト面とハード面の対策を早急に進める必要に迫られている。とりわけ、ソフト面では、Society5.0と連動させて個別最適な学びの推進することが求められた。そのため、コロナ禍前に策定されたGIGAスクール構想の実現が前倒しされ、喫緊の教育課題となった。

先述したように、新学習指導要領においては主体的・対話的な深い学びの実現が重要課題であったが、それに加えて個別最適な学びの実現が求められている。ただ、このような学び方は、従来から重視されてきた「個に応じた指導」に対応する側面もあり、その実践的な蓄積も多い。しかし今回注目されるのは、GIGAスクール構想とのコラボレーションである。周知のごとくGIGAスクール構想は、児童生徒向けに一人一台のデジタル端末と、大容量で高速通信ネットワークを一体的に整備し、その活用を図るものである。産業構造的にも情報産業のウェイトが大きいにも関わらず、パソコンやタブレット端末の普及率は諸外国に比べて低いし、教師のICT活用率も極めて低水準にとどまっている。こうした現状の打破は重要な教育課題であるし、特に教育現場でのICT活用は不可欠である。

(2)「個別最適な学び」と「協働的な学び」の実現

GIGAスクール構想を通して、児童生徒の個別最適な学びを実現することは、極めて重要な教育課題であり、新学習指導要領と並走して実施される必要がある。しかしながら、個に応じた指導が、児童生徒の側で学級集団との関係を断ち切って単なる個別活動になってしまうことは本末転倒であろう。言うまでもなく個々の児童生徒の個性が生かされながら、学級集団としての学びが行われることが重要である。個々の子どもがデジタル端末とだけ向き合い、学習活動を展開することは本来の教育活動とは言い難い。個別最適な学びが「孤立した学び」にならないように注意する必要がある。

令和の日本型学校教育答申で強調されているもう一つの学びのあり方は、「協働的な学び」である。そのためには、従来から我が国の教育活動で重視されてきた「探究的な学習」や「体験活動」を通して、児童生徒が相互に協働活動をしたり、場合によっては地域の多様な人々と交わりながら、他者存在を認め、様々な社会的問題に取り組み、持続可能な社会の創り手となることは、これからの子どもたちに必要とされる資質・能力の育成に寄与する協働的な学びにとって重要である。

5　結語的考察

我が国では長年にわたり知育・徳育・体育における優れた教育実践を一体的に行なってきた。このような日本型学校教育を捉え直し、それにSociety5.0に対応した個別最適な学びと協働的な学びを改めて位置づけていくことは、重要な教育課題であり、それが「令和の日本型学校教育」であると言ってよいであろう。

情報ネットワークの拡大はまさに日進月歩であるし、それに伴うグローバル化の流れを止めることはできない。さらに、コロナ禍によるコミュニケーションの変容は、我々の日常生活を大きく変えた。子どもたちの学校生活も例外ではない。時代の急激な変化に対応しつつ、長年培われてきた日本型学校教育の最良な部分を、現代的なアレンジを加えながら継承していくことが必要であろう。このように教育改革を進めながら、不易と流行の双方を止揚して行くことが求められているのだが、それは教科教育だけに限らない。学校におけるその他の教育活動でも児童・生徒の資質・能力を向上させる取り組みは重要である。例えば、第11章で論究する総合的な探究の時間や特別活動においても資質・能力向上の教育活動は行われている。高校の総合的な探究の時間では、知識・技能を活用して問題解決を目指す自律的な学習活動が展開されている。また、教科以外の活動の主な場面である特別活動では、問題解決のための討議活動や合意形成を図る協働学習の実践が多くの学校で行われている。第10章で考察しているが、これらの活動は単に学校教育のためだけではなく、社会参画や個々人のキャリア教育活動においても求められている。特に合意形成を図る協働学習の経験は、社会に出た後に有用なものであると言われている。さらに教育改革を考える上で不可欠なのは、複雑な様相を呈する社会に適合できない子どもたちへの対応である。それは第６章で論究する特別な支援を必要とする児童・生徒問題である。2008（平成20）年に国連から発効された「障害者権利条約」に盛り込まれたインクルーシブ教育は、共生社会の実現を目指す現代社会において欠かすことはできない。このように教育改革は、急激に変容している現代社会の緊急なニーズに合わせて、それへの対応を考えながらフレキシブルかつ多様に展開される必要がある。

引用・参考文献

小川哲哉『増補改訂版　主体的・対話的な〈学び〉の理論と実践―「自律」と「自立」を目指す教育―』青簡舎、2021年。

佐喜本愛・小川哲哉・勝山吉章著『歴史に学ぶ日本の教育』青簡舎、2017年。

田中耕治他著『新しい時代の教育課程（第４版）』有斐閣アルマ、2018年。

文部省編『学制百年史』帝国地方学会、1972年。

小松夏樹『ドキュメント　ゆとり教育崩壊』中公新書ラクレ、2002年。

高妻伸二郎編『新・教育制度論』ミネルヴァ書房、2014年。

文部科学省「令和の日本型学校教育答申」2021年。

中央教育審議会「『令和の日本型学校教育』の構築を目指して ～全ての子供たちの可能性を引き出す，個別最適な学びと，協働的な学びの実現～（答申）」2021年。

中央教育審議会「幼稚園、小学校、高等学校及び特別支援学校の学習指導要領等の改善及び必要な方策等について（答申）」2016年。

田中学「令和の日本型学校教育における協働的な学び」『教育展望』第67巻第４号、2021年、11～17頁。

稲垣忠「PC１人１台時代の『個別最適化』―子どもが授業以外で学べる環境整備を―」『総合教育技術』2020年６月号。

第２章　現代社会と教育改革の動向

１　教育改革の背景

教育改革が求められる背景には、改善が必要される教育上の諸問題がなければならない。21世紀に入ってから叫ばれる教育の諸問題は、大きく分けて①子どもの学力の「低下」、②子どものモラルの「低下」、③教師の実践的指導力の「低下」ではないだろうか（小川2012：15)。だが、これらの「低下」は本当だろうか。

まず①の学力の「低下」である。しばしば取り上げられるのはOECDが実施する国際学習到達度調査（PISA）や、国際教育到達度評価学会によって行われる国際数学・理科教育調査（TIMSS）だが、日本の子どもたちの学力はほとんど落ちてない。例えば、PISAの2000年と2018年を比較すると、科学は２位から５位へ、数学は１位から６位へ、読解は８位から15位へと落ちてるように見えるが、参加国が32国から79国に増加していることを考えると、メディアが騒ぐほどの落ち込みではない。TIMSSを見るなら、中学校の数学は、12国が参加した1964年は２位、39国が参加した2019年は４位、理科は18国が参加した1970年は１位、2019年は３位である。世界でもトップクラスであると言ってよい。興味深いことは2002年にはじまる、いわゆる「ゆとり世代」の学力が、それ以前の世代の学力よりこれらの調査では全体的に伸びていることである。「ゆとり」によって学力が低下したという議論は慎重を要する。

この学力低下で重大なのは、学力の二極化であろう。つまり、様々なところで論じられているが（松岡、志水、橋本)、格差社会と教育格差が相関していることである。豊かな家庭としんどい家庭、豊かな家庭が集まる地域と、しんどい家庭が集まる地域では、自ずから学力に差が生じる。学力は、家庭の文化資本や経済資本そして居住する地域の環境によって影響される。親の学歴が高く、収入も高く、居住する地域が高級住宅街なら、全体の学力が高なるのは当たり前。学力は子どもの自己責任や、教師の資質・能力のみに帰してはならない。この格差は学力のみならず、体力にも影響しているという（「子の「体力格差」家庭の収入が一因に」『朝日新聞』2020年11月18日付）。

次に子どものモラルの「低下」。「最近の若いヤツは」といった言説は、古代から世界中で言われていること。何をもってモラルや規範意識の「低下」なのか。数値化された少年犯罪は分かり易いのであげてみよう。令和４年度の『犯罪白書』によると、少年犯罪は平成時代に一時的に増加することがあっても減少を続け、令和２年は３万2,063人と戦後最小を更新した（同書：104）。ちなみに、戦後第３のピークと言われた昭和58（1983）年は、31万7,438人。少年犯罪は凶悪化も、低年齢化も、増加もしていない。先進国では希有と言われるぐらい犯罪は少ない。なら何をもってモラルが低下したというのか。

一つ言えることは、少年犯罪などの子どもの規範意識に対する大人社会の眼差しの変化である。子どもが子どもを殺害した神戸児童連続殺傷事件（1997年６月）。首を切り落とすというその残虐性から世間を震撼させ、根拠のない少年犯罪の低年齢化や増加が叫ばれたが（「凶悪化、進む低年齢化」『読売新聞』1997年６月29日付）、ちょうどその28年前の「サレジオ高校事件」（1969年４月）ではどうだったか。これも同級生の首を切り落とすという同類の事件だったが、世間は冷静だった（「捜査官も「わからん」」『読売新聞』1969年４月26日付）。何が違ったのか。後者は高度経済成長の真っ只中にあったが、前者はバブルが崩壊して社会不安が高まった時期である。英国の首相チャーチルも述べたが、「成長はあらゆる矛盾を覆い隠す」。経済が成長する時期は、大人社会は子どもの犯罪にも寛容だが、経済が停滞し、社会不安が増すと子どもの逸脱に大人社会は厳しくなる。道徳の教科化（2018年）など、道徳教育の充実が言われる背景には、新自由主義による格差の拡大や社会不安がある。

教師の実践的指導力は「低下」したのだろうか。『OECD 国際教員指導環境調査（TALIS）2018 報告書』によると、日本の教師は世界一勤務時間が長い。2013年の調査でも同じことが指摘された。同調査をみると、日本の教師の勤務時間はイタリアの教師の倍だが、教師としての達成感はイタリアの方が倍。日本の教師の働き方改革は、勤務時間は少なくても教師としてのやりがいは大きいイタリアを見習うべきだろう。

日本の教師の教え上手は世界中で太鼓判。例えば、2009年７月21日全米州議員協会でビル・ゲイツは、「もし、上位四分の一の教員だけがアメリカ中で教えるならば、２年間で、アメリカと日本の間の差はなくなるだろう」（D.Ravitch）と日本の教師を絶賛している。時代は遡るが、1970年の OECD 教育調査団報告書「日本の教育政策」では、日本の教師の教え上手さが絶賛されている。能力別クラスを作らなくても全ての子どもの学力を保障していると。したがって教師の実践的指導力向上の名の下に、2007年にはじまった教員免許更新講習（2022年に廃止）ほど、日本の教師を馬鹿にしたものはない。もっとも元文科省事務次官前川喜平氏によると、同講習は、日教組の教師から教員免許を奪おうとする隠された意図があったという（「官僚よ、千畝に学べ」『毎日新聞』2017年12月25日（夕）記事）。

ではなぜ教師が悪く言われるのか。これも少年犯罪と同じく、経済状態と関係している。景気が上向きの時は、それが教育のおかげであっても何らの感謝もないが、景気が悪くなると教育の責任にして、教育改革が唱え出される（ダヴィッチ）。日本経済再生本部「日本再興戦略2014」でも、「稼ぐ力」を取る戻すために教育改革が必要とされている。

以上のことから、学力の「低下」も、モラルの「低下」も、指導力の「低下」も教育改革の理由としては不適当であった。もっと他に理由がありそうだ。そう、以下で述べるように、教育改革の真の理由は、現代社会が抱える新自由主義と大国主義にある。

2　新自由主義と教育改革

新自由主義（neo-liberalism）とは、経済学における市場原理主義を、政府の経済・社会政策などに適用したものである。80年代の英国のサッチャー首相によるサッチャリズム（Thatcherism）、米国のレーガン大統領によるレーガノミックス（Reaganomics）では、市場原理主義が重視され、小さな政府と規制緩和の促進、国営事業・公営事業の民営化、財政緊縮（社会福祉費の削減など）などが進められた。

市場原理主義とは、アダム・スミス（1723～1790）を始祖に、「レッセ・フェール」（自由放任）を基盤とする経済学上の思想であり、フリードリヒ・ハイエク（1899～1992）やミルトン・フリードマン（1912～2006）などシカゴ学派を貫く根本原理である。経済は規制することなく自由に競争させておけば経済は活性化する。非効率な企業は、「見えざる手によって」市場から淘汰され、既得権にしがみつく企業は「創造的破壊」（シュンペーター）によって生まれ変わらねばならない。経済が活性化すればやがて「したたり効果」によって民は潤う。個が私益を追究すればするほど、市場の調整によって公益が増すというもの。

新自由主義者はそう唱えたが、現実はどうか。世界中での格差社会の拡大である（ピケティ）。日本でも世界でも勝ち組大企業は戦後最大の利益をあげたが、上位10％が世界の富の76％を所有し（『長周新聞』2021年12月17日付）、さらに上位１％が、世界の資産の４割を所有しているという（同紙2021年12月27日付）。2021年１月27日、ニューヨークのCNNは、新型コロナウイルスの感染が続く米国で、株価上昇などにより米富裕層の資産が１兆1000億ドル増えたと報道した。超富裕層は、タックスヘイブンなどを使い納税を免れている（「米富裕層ほぼ納税せず」『西日本新聞』2021年６月10日付）。したたり効果などは生じていない。それどころかリーマンショック（2008年）のように、紙くずになると分かっている金融商品を売り歩いて暴利を得た金融マフィアが何の制裁も受けずに、公的資金によって救済されている（「マネーショート、華麗なる大逆転」2015年）。スミスの見えざる手は、あくまで彼が唱えた「道徳感情」があってはじめて機能する。

この市場原理主義を教育に導入することをいち早く唱えたのが、フリードマンだった。彼は、『資本主義と自由』（1962年）や『選択の自由』（1979年）において、教育改革の切り札として、学校選択と教育バウチャーの導入を論じた。

彼によればこうだ。教育が混迷する一番の原因は、学校や教師に自由競争がないからだ。だから、親と子をスーパーマーケットにおける消費者（Consumer）、学校と教師をスーパーマーケットにおける生産者（Producer）と見なし、生産者は消費者から選ばれるようなかたち、すなわち、学校選択制を取り入れるべきだと。その際、教育バウチャーが有効に機能する。教育バウチャーとは、子ども一人一人にかかる公費を全て教育クーポン券として各家庭に配布するもので、各家庭は選択した学校長にそのクーポン券を渡す。学校長は、クーポン券を換金して学校の維持管理や教員給与にあてる。その結果、学校や教員は、選ばれるためによりよい教育サービスを提供するだろうし、優秀な教員に給与アップで応えれば、より以上のインセンティブが生じるだろうというものである。要するに学校にも、「お客様は神様です」方式の顧客主義（Customerism）を導入せよということだ。

日本では、まず、中曽根内閣時代の臨時教育審議会（1984~87年）において、フリードマン流の市場原理主義導入が、学校選択制など教育の自由化路線として論議された。だが、自由化路線は、優秀な学校に豊かな家庭の子どもばかりが集まるようになり、教育の機会均等が損なわれるとする文部省等の反対にあって、結局は個性重視で妥協した。

80年代、日本では、この市場原理主義の導入は見送られたが、イギリスのサッチャー政権は、「1988年教育改革法」によって実現した。サッチャーは、シカゴ学派を師に、新自由主義的構造改革を断行し、その一環として教育改革も行った。その際「できの悪い子に国民からの貴重な税金を使って、落ちこぼれをなくすような教育は無駄である。出来る子にお金を注いでどんどんできるようにして、落ちこぼれは自分の努力ではい上がるようにせよ」（磯村尚徳）と、むちゃくちゃなことを言いながら、能力別学級編成、学校選択制、全国学力テストとその学校別の成績の公表などを取り入れた。教育の自由化、すなわち市場原理主義の導入と学力向上は、格差と差別化の教育によって少数エリートの育成を目指すものになることが、彼女の言葉からも明瞭であろう。

90年代以降、東西冷戦の終結とグローバリズムの進展によって揺さぶられた日本は、アメリカの圧力もあって新自由主義的構造改革を断行した。社会主義革命などの体制変革の脅威がなくなり、剥き出しの資本主義が復活したのである。例えば、小売店を保護してきた大店法が廃止され（1998年）、駅前商店街はシャッター通りになった。派遣労働などの規制が緩和され、従来の正社員の仕事がパートやアルバイトなどの非正規雇用に代替された。中間層が没落し、庶民の暮らしは厳しさを増した（「あらたな下層階級出現」『毎日新聞』2019年４月３日夕付）。

教育でも、市場原理主義の本格的な導入がはかられた。その嚆矢の一つとなったのが、1999年に最終報告書を出した経済戦略会議だろう。同会議では、新自由主義社会を牽引する「創造的な人材を育成」することが目指され、そのためには、学校選択制や多様なカリキュラム、学校間、教師間の競争の促進が唱えられた。また、大学間の競争促進や有期雇用、予算の傾斜配分や国立大学の民営化が議論された。そして学校選択制（2003年）、国立大学の法人化（2004年）、全国学力テスト（全国学力・学習状況調査：「学テ」2007年）、教師の人事考査制度（成果主義）などが矢継ぎ早に実施されていった。

このような塾の学校化、あるいは学校の塾化ともいえる新自由主義的教育改革を地方政治の場で強く進められているのが大阪である。維新の会が支配政党になった大阪（府・市）では、教育行政基本条例、学校活性化条例などによって、教育の新自由主義的改革が進められていった（永尾俊彦）。2008年に大阪府知事となった橋本徹氏は、学テの結果を教えない教育委員会を「クソ教育委員会！」と罵り、「教育非常事態」を宣言した。そして国旗国歌条例を制定して不起立教員を免職にすると脅した。条例では、サッチャーの教育改革法をモデルに、選択の自由、自己責任、競争原理を基盤とする改革を目指した。やがて全国学テの学校別成績公表（2013年）、学校選択制の導入（2014年）、大阪市中三統一テスト・大阪府チャレンジテスト（2016年）、大阪市小学校学力経年調査（テスト）の実施（2017）などを行い、PDCA サイクルでこれらのテストの点数向上を目標にさせ、教員評価を行った。そうなれば当然、教員の同僚生は損なわれる。隣の教師の評価が下がれば自分の評価が上がるとして、新人教員に荒れたクラスを持たせることなどが起こっているという。チャレンジテストは、中学校のテストの成績が学校別の内申点とリンクするため、「成績を下げたら、みんなに迷惑がかかる」として同テストを欠席した生徒がいた。

競争原理、優勝劣敗を特徴とする新自由主義的教育改革が近年急に進んでいるのは国立大学（公立や私立にも波及）だろう。日本経済が落ち込んでいるのは大学が有為な人材を育てていないからだと経済界が主張し、国立大学運営費交付金の傾斜配分、教員の年俸制、学長のリーダーシップという名の学長独裁が求められた（経団連2013年「グローバル人材育成に向けて各教育段階で求められる取り組み」）。国立総合大学は戦後教育改革で奈良県を除く都道府県に一校以上設けられたが（奈良県は、奈良女高師がごねて総合大学化を潰した）、それらはフラットな関係だった。しかし、グローバル化のエリートを育成する①世界最高水準の大学、②教育研究の拠点大学、③地域活性化の大学といった三類型が設けられ（2013年「国立大学改革プラン」文科省）、それに応じた予算配分が行われることになった。また学校教育法改定（2014年）によって教授会自治が否定され、学長の専横が許されることになった。2015年には、文科省によって文系学部や教員養成大学不要論が展開された。各大学は成果主義に追われ、長期にわたらないと結果が出ない基礎研究などが駆逐されていき、有期雇用の若手はすぐ成果の出る研究に集中せざるを得なくなった（「日本人はもうノーベル賞を獲れない」『週間ダイアモンド』2018年12月８日号）。その結果、研究成果ではかつてアジアでダントツだった日本の大学は、中国や韓国、シンガポールなどの大学に追い抜かれていった（「世界大学ランキング」『朝日新聞デジタル2021年９月２日付』）。

新自由主義的教育改革によってもたらされたのは、成果主義に踊らされる教育現場の疲弊と大学における研究力の低下だろう。大学を含めて教師が追い込まれたが、その結果としてさらなる新自由主義的教育改革が求められている。そしてこの新自由主義を担保する役割を担うのが、大国主義とその教育である。次にそれを見てみよう。

3　大国主義と教育改革

大国主義は、国内的には強固なナショナリズムによって国民を統制し、国外的には強大な軍事力によって他国を支配下に置くことを特徴とする。2020年代の今日、この大国主義国家にはアメリカ以外にロシアや中国も含まれる。

日本は、新自由主義に伴って終身雇用、年功序列などの日本型雇用が崩れ格差社会が進行した。したがって企業主義的統合に代わって、ナショナリズムによる強力な国民統合が必須となった。愛国心や郷土愛による統治機構への従属により、格差社会の「負け組」に自己責任と知足安分（現状満足）を涵養させるのである。また、国外的にはヒト、モノ、カネが国境を越えていき、グローバル企業の権益と海外在留日本人の安全を確保するために軍事的貢献が叫ばれ、大国主義的改革が求められるようになった。例えば、2013年１月16日、アルジェリアの石油プラント建設に従事していた日揮社員10名が、イスラムゲリラに襲撃され殺害された事件では、日本の軍事的プレゼンスの無さが厳しく非難され、「普通の国」として自衛隊の海外派兵と憲法改正が主張された（林田英明「安倍首相のウソと改憲を打ち破れ」レイバーネット2017年11月10日記事）。

もっとも、日米支配層による日本の軍事的プレゼンスへの要求は、核大国ロシアによるウクライナ侵略戦争（2022年）、北朝鮮の核武装による朝鮮半島の不安定化、中国の軍事力増強と覇権主義、かつては世界の憲兵といわれたアメリカの覇権（パックス・アメリカーナー）の低下など、国際情勢の変化によるものも大きい。

日本は2015年の安保法制という解釈改憲によって集団的自衛権を可能とし、AUKUS（2020年）や Quad（2021年）などによってインド・太平洋地域での軍事的プレゼンスを高めた。また南西諸島で、対中国軍事要塞化を進めている。第二次大戦と同じく、沖縄と周辺諸島は「東京」を守る捨て石とされていくのか。

そのようななか、愛国心、郷土愛、公共心、公徳心そして国際貢献などをキーワードとする大国主義的教育改革がすすめられている。愛国心や郷土愛などは、言葉そのものとしては否定されるべきものではない。我々は誰でも心情の自然な発露としての愛国心や郷土愛をもっている。

だが公教育に導入される愛国心や郷土愛は、ナショナリズムによる国民統合を権力的にはかるものであるから、支配層や特権階層への批判を抑制することにつながる。中国やロシア、北朝鮮などの専制国家をみれば分かるだろう。

安倍政権によって成立した新教育基本法（2006年12月）と新学校教育法（2007年６月）から、大国主義的改革につながる条文を見てみよう。新教育基本法第二条（教育の目標）第三号では「公共の精神に基づき、主体的に社会の形成に参画し、その発展に寄与する態度を養うこと」、第五号では「伝統と文化を尊重し、それらをはぐくんできた我が国と郷土を愛するとともに、他国を尊重し、国際社会の平和と発展に寄与する態度を養うこと」等が記されている。新学校教育法第二一条でも、同様の条文が記されている。

これらの条文では、公共の精神、愛国心や郷土愛などの実践的倫理や価値観等に対して、「態度を養うこと」が定められている。態度とは「情況に対応して自己の感情や意志を外形に表したもの」(『広辞苑』) であることから、態度が教育目標となれば、目標にいたるカリキュラム (教科書) が形成され、自己の感情や意志という内心が、目標にいたっているかが評価されることになる。2018年度から実施された教科「道徳」はまさしくその典型であろう (「考え方や行動まで評価対象に」『週間金曜日』2014年10月31日)。このことは、憲法19条「思想・良心の自由」および新教育基本法第16条や旧教育基本法第10条が禁ずる「不当な支配」と緊張関係にある。とりわけ「愛国心」は、「内心の自由」と複雑に絡み合う。人のこころを、国家が定める特定の方向へ向かわせる教育となる (寺脇研：134)。

このような大国主義的教育に批判的な学校教師は断罪される。先に見た大阪維新の会は2011年に府で、2012年に市で国旗国歌条例を定め君が代の起立斉唱を厳しく求め、従わない教師を処罰した。山口県立柳井高校では、授業中に安保法制に生徒から批判的な意見がでたことが、山口県議会で問題視され教育長が謝罪した (『毎日新聞』2015年7月4日付)。政権政党である自民党は、教育の政治的中立性に違反した教師がいたら報告せよという密告サイトを設けた (「まるで戦前の思想統制」『毎日新聞』2016年7月28日夕付)。教育の政治的中立性の名の下に、体制に批判的な教師が魔女狩りされ、教育に対する不当な支配がまかり通っている。教育の政治的中立性の第一原則は、政治が教育に介入しないことであり、学校現場への政治的介入は不当な支配以外の何ものでもない (中嶋哲彦：175)。

このように「物言えば唇寒し」から、日本の教師は批判的思考を失い、その結果、『OECD 国際教員指導環境調査 (TALIS) 2018 報告書』を分析すると、子どもたちに批判的思考を促す授業は、調査国 (46国) で最低だという

(「批判的思考が低い日本の教師に、批判的思考を育む授業は出来ない」『ニューズウィーク日本版』2020年9月2日)。学習指導要領では、思考力や判断力、学びに向かう人間性など能動的主体的思考が求められているが、政治権力による教育介入は真逆の事態を引き起こしていると言わざるを得ない。

4 結 語

以上、現代社会と教育改革の動向を新自由主義と大国主義およびそのための教育の視点から見てきた。東西冷戦の「終結」に伴って貪婪な資本主義がグローバル化の名の下に牙を剥きだし、格差社会、いや新たな階級社会が出現し、優勝劣敗、適者生存の社会的ダーウィニズムが教育現場を支配している。大学を含めた教育現場は激しい競争原理にさらされるようなった。その結果、児童生徒の不登校は29万4,940人と戦後最大にのぼり（文科省2022年10月27日発表)、多忙な教師の働き方改革が叫ばれ、また大学の研究力はアジアで二流となった。その新自由主義の矛盾を覆い隠す大国主義とその教育によって物言わぬ、権力に従順な子どもや教師が増え、その結果、思考力や判断力の低下が懸念されている。

教育改革の理由とされた子どもの学力「低下」やモラルの「低下」、教師の実践的指導力の「低下」も、支配層とそれに踊らされたメディアの虚構であろう。もちろん日本の教育に問題点がないわけでは決してない。しかしながら、子どもたちは学業でよく頑張っており、モラルや規範意識も少年犯罪を見るかぎり戦後最低（いや日本史上最低）である。ましてや日本の学校教師の実践的指導力の高さと教育への献身は国際的にみても希有と言える。

教育に市場原理と権力主義的統制は馴染まない。成果主義にとらわれない教育と研究の自由、子どもと教師の内心の自由が今こそ求められている。

引用・参考文献

磯村尚徳『教育は変えられるか』NHK 出版、1989年。

M&R・フリードマン『選択の自由』日経ビジネス文庫、2002年。

小川哲哉・勝山吉章・井上豊久編『現代教育の論究』青簡舎、2012年。

J・E・スティグリッツ『世界に格差をバラ撒いたグローバリズムを正す』徳間書店、2006年。

志水宏吉『二極化する学校』亜紀書房、2021年。

D. Ravitch: *The Death and Life Great American School System*, Basic Books. 2011.

D. ラヴィッチ『アメリカ　間違いがまかり通っている時代―公立学校の企業型改革への批判と解決法―』東信堂、2015年。

T. ピケティ『21世紀の資本』みすず書房、2014年。

寺脇研『危ない道徳教科書』宝島社、2018年。

中嶋哲彦『国家と教育　愛と怒りの人格形成』青土社、2020年。

永尾俊彦『ルポ　大阪の教育改革とは何だったのか』岩波書店、2022年。

橋本健二『新・日本の階級社会』講談社、2018年。

松岡亮二『教育格差』ちくま新書、2019年。

第３章　文教政策と教育課程の歴史的展開

1　教育改革と教育課程

教育改革の必要性が広く一般に意識されるようになる時、その最初の兆候は「学力問題」として現れる。すなわち、子どもの学力低下問題を解決させるための教育改革が急務の問題として意識されるのである。学校現場においては、学ぶべき内容の何が不足しており、どのような学び方が必要とされるのか、換言すれば「教育課程」の改善・改革が重要な教育課題となる。

例えば、第１章でも指摘したように、1999（平成11）年の学力低下問題（「分数ができない大学生」）は大きな教育論争になり、ゆとり教育の頂点となった1998（平成10）年の教育課程の改訂、すなわち学習指導要領改訂の賛否にまで発展した。さらに、OECDが実施した2003（平成15）年のPISA（生徒の国際学力調査）では、我が国の生徒の「読解力」の低下（2000年８位⇒2003年12位）が問題となり、「PISAショック」として認知され、教育改革の大きなうねりをもたらしたと言われている。これを機に文部科学省（以下、文科省）は、ゆとり教育の象徴であった「新しい学力観」に代わって「確かな学力観」を打ち出し、学校教育法の改正（2007（平成19）年）によって学力の三要素（①基礎的・基本的な知識・技能の習得、②知識・技能の活用のための思考力・判断力・表現力等、③主体的な学習意欲）を強く打ち出すことになった。

この事例に見られるように、教育課程の改訂は、時代の要請を受ける形で相互に密接な関係を維持しながら展開されてきたと言ってよい。ここでは、このような教育課程の本質的意味を歴史的な変遷のプロセスを通して明らかにし、その時代の教育改革と連動しながら教育課程がどのような役割を果たしてきたのかを論究することで、今日の教育改革と教育課程との関係性を考察したい。

2　教育課程の歴史的源泉

教育行為の中でも教育的コミュニケーションは、教育者が被教育者に対して特定の意図を持って文化伝達を試みる行為である。しかもそのようなコミュニケーションでは、「何のために学ぶのか」という目的と、「いかなる知識を学ぶのか」という内容と、「どのような仕方で学ぶのか」という方法が重要となる。その際に、特定の教育目的を実現させるために特定の年限で教育と学習を組織的に計画したものを「カリキュラム」と呼び、その中でも特に組織的に厳格なプランとして編成されていくものを「教育課程」と呼んでいる。ここでは教育課程の基本的かつ原理的な諸原則について論究してみよう。

(1) カリキュラム概念の系譜

「いかなる知識を、どのように学ぶのか」に対する考えは、組織的な教育活動を行う際には必要不可欠なものであり、そのような考え方は古くは古代ギリシア時代からあったとされている。例えば、調和的人間形成の重要性を指摘したプラトンは、善や人間性の問題を国家の政治体制の問題に還元して問い続けたと言われている。その他のソフィストたちも、国家を先導するエリートにとって不可欠なのは、政治教育だけではなく、教養教育であることを強調していた。ここに見られる教育思想には、国家のエリートたちに必要な資質能力は、政治的なタクティクスだけではなく、善なる徳を有し、多様な知識や見識を持ち、非実用的教養であっても大切にすべきだという考え方があったと言ってよい。

その後、古代ギリシアの教養思想は、中世期のヨーロッパの精神的エリート層を育成する教育施設に受け継がれていった。具体的には、カトリック教会の指導者を育成する「教会学校」である。教会学校では、古代ギリシアの教養思想を基盤とする「七自由科」が、「自由学芸（リベラルアーツ）」として入学者の必須科目とされ、そうした教養思想の基礎を習得した者が、最重要科目である神学を学ぶことになる。七自由科とは、主にラテン語文法・修辞学・弁証法（論理学）の三学（トリウィウム）と、算術・幾何学・天文学・音楽の四科（クワドリウィウム）のことを指す。この七自由科は、その後中世の大学の基礎科目とされ、神学だけではなく法学や医学を学ぶ際に不可欠な教養として重視されている。

そしてこの七自由科が、特定の教育施設の学生に対する教授計画として設定され、学生が修得すべきコース（課程）の教育内容に組み込まれるようになったのは、ヨーロッパ近世の著名大学であるライデン大学（オランダ）や、グラスゴー大学（英国）であった。これらの大学では、16世紀後半にはすでに「カリキュラム（curriculum）」という名称で、修業年限や個々の授業科目の履修規定が定められており、今日的な「教育課程」が用意されていたと言われている。こうした教育課程の形式を学びのプロセスに導入できたのは、両大学がカルヴァン派の大学あったことに起因している。というのもカルヴァン派では、規律や秩序を重視する精神性と構造的な統一性を重視する傾向性が強く、そのため大学の組織的運営にもそのようなメンタリティが強く反映されていた考えられる。

ところでカリキュラムという用語のそもそもの語源は、ラテン語で競技場や競争路を意味する「currere」や、人生の遍歴を示す言葉であったと言われているが、先の二大学のカリキュラム以降、近代的学校教育においては、計画的な履修規定を意味する言葉として使われるようになった。そして、こうしたカリキュラムは、近代以降様々な展開を経て、現代の教育課程に引き継がれている。

3　産業革命と教科カリキュラム

産業革命によってヨーロッパ各国において近代化が進むようになると、古典的な教養主義に基づく古典語（ギリシア語やラテン語）の習得や、人文主義的教科の学習ではなく、実学主義的教育内容に基づく自然科学的教科や、商工業の発展に必要不可欠な科目で編成されたカリキュラムによる学習が求められていく。例えば、当時の実業学校では、もはやギリシア・ラテン語等の教養古典語ではなく、実業科目を学ぶ際に役立つ近代外国語や、自然科学を学ぶための数学、化学、物理学等の他に、簿記や会計学、建築、製図、測量、航海術等の教科の学習が重視された。

さらに19世紀後半に入り、義務教育制度がヨーロッパの多くの国々で実現していくと、従来のいわゆる３R'sである「読み、書き、計算」等の基礎教育だけではなく、初等教育において地理、歴史、理科等の科目や、体育、音楽、図画工作、裁縫等の労作的な科目も取り入れられるようになる。

このように産業発展に役立つ実学的教科が重視された背景には、経済発展を支える人材育成のための知識習得が、時代の要請として求められていたからである。当時の学校教育では、３R's教育を土台としながら、近代的な技術や技能の学問体系を拠り所として、様々な科目を細分化し、体系的知識の構成を基本原理とするカリキュラム、すなわち「教科カリキュラム」が受け入れられた。そしてそのようなカリキュラムに沿って行われる学習活動を「系統学習」と呼び、20世紀初めのヨーロッパにおける多くの先進国では、一般的なカリキュラムとして認知されていく。ただ、この教科カリキュラムは、そもそも時代や社会のニーズに対応する形をとるため、科目数が年々増加することになる。急激な産業発展を迎える19世紀末の米国における初等学校や中等学校では、最盛期には30科目前後の教科が創設されていたと言われている。それは、日本においても例外ではない。富国強兵が強く求められていた明治初期の下等小学校では、今では到底考えられないほどの14科目の教科数になったと言われている。

4　人間教育への回帰としての新教育運動

産業革命以降のヨーロッパにおいては、経済発展を支える人材育成のための教育に適合した「教科カリキュラム」が主流となったが、このカリキュラムには、大きな問題を抱えていた。最大の問題は、時代が求める知識内容に合わせた教科の増大であった。先述したように米国の学校のように30科目もの教科が乱立すると、時間割作成の問題以前に授業を受ける側の勉学意欲の維持が難しくなる。さらに加えて、そもそも教科カリキュラム編成の基本は、学問体系や実学的知識の必要性に基づいており、授業を受ける子どもたちの興味関心や、知的探究心とは無縁のものである。授業を受ける側のニーズに基づかない教科が乱立し、その数が増え続けることは、子どもたちにとっては苦痛以外のなにものでもないだろう。

20世紀初頭からヨーロッパを中心に世界規模で広がりを見せた「新教育運動」は、教科カリキュラムによる詰め込み式の教育や授業や、個々の子どもの主体性を考慮せず、一律の学習内容を教え込む多人数授業で行われる学校教育制度を痛烈に批判した。

米国でそのような新教育運動を先導したのは、J. デューイであった。彼は主著『学校と社会』を1899（明治32）年に刊行するが、この著作は彼にとって初の教育に関する著作で、児童中心の教育活動の必要性と、そうした活動を支援する教師の役割の重要性を主張した。彼は、従来のように教師が教え込む教育ではなく、子どもたちの知的探究心を掬い取り、それを学びの中心に据えた教育活動の可能性を論究した。そのような教育に必要なのは、日常の生活経験に基づいた子どもたちの興味関心による探究活動であり、さらに多様な社会問題の解決を目指す教育活動でもあった。当時広く行われていた教科カリキュラムでは、そのような教育活動を実現させることはできないとデューイは考えていた。というのも、当時の学校教育と、そこで行われていた教科カリキュラムは、社会的な要請を基準に置き、大人社会の都合で作成されたカリキュラムであり、子どもたちが日常的な持っている興味関心とは全く乖離した内容であったからだ。

デューイは、『学校と社会』の最終章において、シカゴ大学附属実験学校において試みられた幾つかの実験の成果をまとめ、その後いわゆる「経験カリキュラム」と呼ばれていく特徴的な教育課程を構想した。その構想の基底には、教室での教育経験と日常的な生活経験との壁を取り除くことであった。そのため、カリキュラムの中心におかれたのは、「手作業」のような日常的生産活動（例えば、木工、裁縫、料理等）であった。そのような活動において子どもたちに必要とされたのは、日常で経験や体験している地域問題等の解決のプロセスを学ぶことであった。

当時の学校では、地域学習が地理・技術・理科教育等の授業において相互に関連性を持つことなく、バラバラに教えられていた。デューイは、このような学習方法では、地域問題に対する子どもたちの興味関心を高めることはできないし、単に個々の知識の羅列に過ぎなくなるとして、この種の教育活動を痛烈に批判した。換言すれば、このような旧態依然とした教科カリキュラムは、伝統的な３R's 中心の学習の域を出ていないし、子どもたちの日常的な生活圏において生起する地域社会問題をトータルで理解し、解決することは困難である。そこでデューイは、子どもたちが地域学習に興味を持ち、彼らの生活経験に根ざしたテーマに取り組み、それを解決するカリキュラムと学びのあり方を提示した。これが経験カリキュラムであり、従来の教科カリキュラムとは一線を画す画期的な教育課程論であった。経験カリキュラムを実践する学校においては、テキスト等の書物による学習活動ではなく、実物の教材やそれを使った体験活動等を重視する学習活動が展開された。こうした教育活動は、ルソーやペスタロッチー等の実物教育や直観教育等の教育思想にさかのぼるものであった。

こうした新しいカリキュラムの考え方は、各国に大きな影響を及ぼし、第二次大戦後に民主的な教育を展開する多くの国々で採用されている。日本の場合も、コア・カリキュラム学習（桜田プラン、明石プラン等）や生活単元学習等の名称で戦後期には多くの優れた教育実践がなされた。

5　教育内容の精選とカリキュラム改革

子どもの興味関心を考慮せず、学問的体系を優先する教科カリキュラムの弊害を克服するため、経験カリキュラムに注目が集まったことは教師にとっても、子どもたちにとっても重要であった。というのも、そのようなカリキュラムは、詰め込み主義的な教育ではなく、人間性を重視するカリキュラムとして今日においても評価されているからである。ただその後、経験カリキュラムの構造的な問題点が徐々に顕在化してくる。デューイ自身も指摘しているように、経験カリキュラムの教育目的を実現させるためには、緻密なカリキュラム・マネジメントが必要であった。そうしないと、子どもの興味関心ばかりに引きずられることになりかねない。なぜなら、子どもの興味関心は、必ずしも学問的体系に基づいて過不足なく沸き起こるわけではないため、その点を十分に意識してカリキュラム編成を行わないと、偏った学びになってしまうからだ。そのため、経験カリキュラムによる教育実践は、時間をかけた割には、知識習得が極めて限定的なものとなったり、子どもの興味関心に引きずられて教育効果が望めない、いわゆる「はいまわる（creeping）」教育活動になるとの指摘があった。そのため米国では、1950年代後半以降、経験カリキュラムへの批判が高まっていく。特に、1957（昭和32）年に当時のソ連が、米国先んじて人工衛星を打ち上げたことへのショック、すなわち「スプートニク・ショック」以降は、経験カリキュラムに代わるカリキュラム改革の動きが加速した。

中でも特に注目された1959（昭和34）年のウッズ・ホール会議では、理系のエリートを養成する学校教育の実現と、官民一体で科学教育の向上を図るカリキュラム改革が議論された。同会議では、認知心理学者のJ.S.ブルーナーを中心にまとめられた報告書において、カリキュラムに最先端の科学技術の習得と教育内容の現代化を図ることが提案された。

さらにブルーナーは、この報告書の内容の理論的精緻化を行い、著作『教育の課程』（1960年）を刊行した。その中で、彼は有名な仮説を提案している。「どの教科でも知的性格をそのままたもって、発達のどの段階のどの子どもでも効果的に教えることができる」。この仮説は、科学的発見のプロセスを、子どもの知的な興味関心を高めるカリキュラムに導入したものであり、理系のエリート教育の実現には効果的なものであると高く評価された。

ブルーナーの学習理論は、教科の構造を形成する基本概念を発見する学習活動であるため「発見学習」呼ばれ、教科構造を重視するため、よく経験カリキュラムによる学習と対比されることが多いが、彼の学習理論はむしろデューイの学習論を土台としている点に注意を向ける必要がある。なぜなら、デューイ同様にブルーナーも、子どもの学習の基点は、子どもの「経験・体験」や「興味や知的好奇心」であり、その点で彼はデューイの学習論を重視していたからである。ただ、デューイの真意を十分に理解していない経験カリキュラムが横行していることをブルーナーは批判した。彼が問題にしたのは、子どもの学習活動が「何を学ぶべきなのか」という明確な目的がなく、単に子どもの興味関心に依存した形で行われる学習であった。そのため、彼が提案した発見学習では、学習の順次性（シーケンス）と内容（構造）の両方を重視したカリキュラム、すなわち「スパイラル・カリキュラム（螺旋型教育課程）」が採用されている。このカリキュラムに基づいた学習では、繰り返し基本概念の学習を行いながら、子どもの発達の段階が上がるにつれて高い次元の知的理解が可能なような学びのプロセスが用意されていた。

このようなブルーナーの学習論は、経験カリキュラムを克服する有力なものとして、1970（昭和45）年代には多くの国々のカリキュラム改革に大きな影響を与えている。何故なら、ブルーナーの学習論と教育課程は、子どもに対してデューイ的な知的好奇心を高めながらも、系統的・体系的な学びを科学技術の習得という教育課題を実現させる学習モデルになっていたからである。

6　教育改革と教育課程の今後のあり方

すでに指摘したが、教育改革とカリキュラム改革は密接な関係を持っている。本章で明らかにしたように、時代の要請から教育改革が必要とされる時、学校教育において大胆なカリキュラム改革が繰り返し行われてきた。しかもそこでは、時代が求める教育改革の目的を達成するため、特徴的なカリキュラムが編成され、それによって子どもたちの学力が形成されてきた。戦後の様々な教育改革の中でも、特に注目されるのは、日常生活における子どもたちの学びのモチベーションを教育活動の基本と考えたデューイのカリキュラム改革と、デューイの教育論をベースにしながらも、教育活動に科学的思考のプロセス導入しながら、子どもたちの資質能力の育成を図ったブルーナーのカリキュラム改革である。しかもその際に注意したいのは、両者は非連続の関係にあったのではなく、むしろ連続しながら子どもの資質能力の高次の向上を目指したカリキュラムであった点である。

先述したようにデューイの経験カリキュラムは、多くの場合教育現場において誤解されて受け継がれたが、ブルーナーはその本質的な意味を見抜き、周到なカリキュラム・マネジメントに基づいて、子どもたちの資質能力の向上を図る教育実践を進めていった。ただ彼の発見学習は、確かに米国の理系エリート養成教育には大きな成果をもたらしたが、実際には多くの国々で必ずしもうまくいったわけではない。しかしながらブルーナーの学習論の周到なカリキュラム・マネジメントと、高次な学力向上に関する見識は、その後の教育方法論における問題解決型の学習論と教育課程編成のあり方に大きな影響を与えたと言われている。

とりわけ、高度情報化社会とグローバル化が大きな広がりを見せる2000（平成12）年代に入ると、新しい「能力論」が国家や産業界のレベルで盛んに論じられ、新たな教育改革が各国において急務の課題となった。それは、「新たな問題解決力や創造力等の高次の認知能力」や「対人関係能力としてのコミュニケーション力やチームワーク力」の育成であった。

こうした能力育成については、例えばOECDが提唱する「キー・コンピテンシー（Key competency）」があげられるだろう。この能力は、以下の3つのカテゴリーに区分される9つの能力で構成されている。

①相互作用的に道具を用いる（A 言語、シンボル、テキストを相互作用的に用いる／B 知識や情報を相互作用的に用いる／C 技術を相互作用的に用いる）

②異質な集団で交流する（A 他者との良好な関係をつくる／B 協働する／C 争いを処理し、解決する）

③自律的に活動する（A 大きな展望の中で活動する／B 人生計画や個人的プロジェクトを設計し実行する／C 自らの権利、利害、限界やニーズを表明する）

①はコンピュータ等の道具を使って言語・知識・情報等を活用し、他者対話を通して世界に働きかけられる能力である。②は多様化・断片化しつつある社会の中で異なる考えや価値観を持つ人々と協働活動して行ける能力である。③は個人的アイデンティティを発展させ、自立的判断によって責任ある役割を果たす能力である。OECDは、キー・コンピテンシーの中でも①の「相互作用的に道具を用いる能力」を測るため、2000（平成12）年から15歳の子どもの読解力、問題解決能力等を国際的に比較して、学習活動を改善する目的でPISAを実施してきた。冒頭でも触れたように我が国は2003（平成15）年のPISAショックを受けて、確かな学力観に基づく学習指導要領の改訂に大きくシフトしたと言ってよい。

ただ、2018（平成30）年のPISAの結果は、数学的リテラシー6位、科学的リテラシー5位で上位クラスを維持しているものの、読解力が15位で2003

年の12位よりもさらに低くなっており、第２のPISAショックとも言われている。この結果についての分析を見ていくと、問題解決に際して、その解決の根拠を明確に示しながら解答を提示する能力が十分ではないとの指摘がある。

以上のように本章では、文教政策と教育課程の歴史的展開について論究してきたが、学ぶべき内容を編成するカリキュラムや教育課程のあり方は、時代の要請と密接にかかわってきた。ただ近年のカリキュラム改革では、単なる知識や情報、技術の習得ではなく、子どもたちの知的好奇心に基づきながらも、それらを相互作用的に活用する資質・能力の育成が、これまで以上に強く求められている。従来の教育課程の歴史的系譜とその教育的意味に常に注意を払いながらも、時代が求める資質・能力の育成をどのように行っていけばいいのか、それに対する継続的な取り組みが学校教育には強く求められているように思う。

引用・参考文献

安彦忠彦『改訂版　教育課程編成　学校は何を学ぶところか』放送大学教育振興会、2006年。

国立教育政策研究所編『生きるための知識と技能７　OECD生徒の学習到達度調査（PISA）―2018年調査国際結果報告書』明石書店、2019年。

佐藤学『教育方法学』岩波書店、1996年。

柴田義松『教育課程　カリキュラム入門』有斐閣、2000年。

J. デューイ／市村尚久訳『学校と社会・子どものカリキュラム』講談社学術文庫、1998年。

田中耕治他著『新しい時代の教育課程　第４版』有斐閣アルマ、2018年。

J.S. ブルーナー／鈴木祥蔵他共訳『教育の過程』岩波書店、1963年。

第４章　教育評価と学力問題

学校での教育活動の評価、特に学習活動の評価のイメージは、通知表等の「５・４・３・２・１」のような数量的評定なのではないだろうか。確かにそのような評定は、学習を評価する一つの基準であることは間違いない。しかし、それは学習評価の一側面でしかない。ところが教育評価が、そのような学習評価＝成績評価と理解され、とりわけ通知表等の結果として判断される傾向が、今も一般的に定着しているように思われる。本章では、先ず教育評価に対する変遷を概観した上で、近年の学力問題との連関性を明らかにし、教育評価の教育的意味について考えて見たい。

1　戦前の教育評価

国家権力の末端に位置する権威を持っていた戦前の教師には、個々の児童生徒の学習評価だけではなく、人格評価に至るまで絶対的権限があったため、教育評価の仕方は「絶対的権威を持つ教師による評価」としての絶対評価（認定評価）だったと言われている。そのため「絶対」の意味は、今日の絶対評価とは違い、完全に教師の主観的判断による評価であり、その評価は現在の指導要録の前身である「学籍簿」において採用されていた。学籍簿は、「優、良、可、不可」の４段階評価であった。

ただ、こうした主観的な教育評価では、真の学力を測ることはできないし、その評価は不正確であると批判し、より科学的・客観的な学力測定を模索する教師たちも少なからずいた。それは、米国のソーンダイクらが主導した「教育測定運動」に同調し、フランスのビネーらによって考案された「知能検査」等に依拠した教育評価を評価した教師たちである。さらに大正中期から昭和初期にかけては、当時の読み方、算術、英語等の教科において客観テストとしての「標準テスト」を作成し、評価の基準とする動きもあった。しかしながら、そのような運動は教育評価の主流にはなり得ず、学校現場での評価の多くは教師による絶対評価（認定評価）であったと言われている。

2　戦後の民主的教育評価としての「相対評価」

(1) 教育改革と相対評価の登場

1946（昭和21）年、米国教育使節団（以下、使節団）が来日し、日本の教育の民主化のために数々の抜本的な教育改革を押し進めた。それは、教育評価の領域にも及んだ。使節団は、戦前行われていた絶対評価（認定評価）を強く批判し、教師の主観的な評価に代わる「相対評価」の導入を進めた。1949（昭和24）年には文部省が、旧来の学生簿を「指導要録」という名前に変えて相対評価等と標準テストとを組み合わせた総合的な評価方法を推奨した。

相対評価は、正規分布曲線を拠り所として、児童生徒集団を正確に５段階に割り振るので、教師の主観による偏った割り振りは起こりえない。割合は、「５」が７％、「４」が24％、「３」が38％、「２」が24％、「１」が７％であり、当時の40人学級では、「５」と「１」が最大で３名であった。この相対評価は、個人としての教師が個別の子どもたちを評価するのではなく、クラスという集団を準拠にして教育評価を行うため、特定の集団内の個人の学習能力の正確な位置づけが明確になる。しかも客観的な教育評価資料として扱いやすいので、成績評価　⇒　通知表等　⇒　内申書　⇒　指導要録等という教育評価のプロセスが、その後長く教育評価システムの主流となった。

このように相対評価は、非常に正確で機械的・客観的な評価であり、教師の主観という非合理的な判断が入り込めないので公平ではあったが、他方で様々な問題も内包していた。例えば、学習評価が機械的につけられてしまうため、個人がどれだけ努力しても報われない評価であったし、必ず最高と最低の順位者を生み出すので、勝ち負けの学習観による競争意識や、相手を蹴落とそうとするライバル意識を倍増させてしまうこともあった。さらに問題なのは、個々の児童生徒の学力や諸能力が学習目標にどれだけ到達したのかが分からないし、教師自身も自分の指導成果を確認して、指導力や力量がどれだけ身に付いているのかを見極められなかった。こうした一連の問題は、「通知簿」問題として1960年代末にメディアに取り上げられることになり、相対評価を行っている学校への風当たりが強くなる。

(2) 個々人の能力評価としての「到達度評価」

相対評価では、児童生徒個人の学習成果が正当に評価されないばかりか、教師自身の指導の効果も確認できない。特に問題なのは、教師の指導と児童生徒の学習成果の関係性が明らかにされないまま、機械的な評価がなされてしまう点であった。

こうした問題の解決に一石を投じたのは、1973（昭和48）年に米国の教育心理学者ブルームが提唱した「完全習得学習」である。この学習法では、教育指導と教育評価を一体的に考えるいわゆる「指導と評価の一体化」が図られ、評価は有効な指導を行うための一つの手がかりと見なされた。完全習得学習では、授業前に「診断的評価」を行い、授業中の学習活動や宿題や到達度テスト等による「形成的評価」を下し、そして中間・期末テスト等で「総括的評価」に至るという一連のプロセスを通して、個々の児童生徒個人の学習到達度が測られた。これは、新しい絶対評価と見なされるものであり、集団における個人の位置づけを相対的に行うのではなく、個人の能力の評価に絶対的価値を求めて評価を行うものである。換言すればそれは、「目標に準拠した評価」としての絶対評価と言えるだろう。

我が国における到達度評価の導入は、文部省が1980（昭和55）年に改訂した「指導要録」から始まった。この改訂では「観点別学習評価状況」という記載欄が新設され、「知識・理解」から始まる「観点項目」の最後に「関心・態度」が付け加えられた。小学校１・２年生では３段階、３年以上は５段階評価の最後の項目に「関心・態度」の欄が設けられ、その欄の評価は相対評価ではなく、教師が個々の児童を個別に見つめていく到達度評価となった。これは戦後の教育評価の大きな転換点であり、相対評価からの脱却を意味し、現在の教育評価方式の出発点であると言われている。

ただこの時期の教育現場では、依然として相対評価を信奉する教師が多く、到達度評価では教師の主観が入り込むことを懸念したり、数量的評価とは違い記述式評価への負担感が強かったと言われている。

(3) 新学力観と教育評価

1980年代に教育評価が、相対評価から到達度評価に変わっていった背景には、学力観の大きな転換があったと言ってよい。文教政策がゆとり教育へシフトして行く中で、学習成績の基準は、単なる知識や理解の数量的な把握だけではなく、個性や人間性を多様な視点から推し量っていくものに変わり、そのような学力に対する見方は「新学力観」という名称で呼ばれた。

この新力観は、1989（平成元年）年に改訂された学習指導要領に集約されているが、これに伴い1991（平成３）年の指導要録改訂では、教育評価の観点項目が、従来の「知識・理解」だけではなく、児童生徒の「関心・意欲・態度」「思考・判断」「技能・表現」「知識・理解」の４観点の評価が基本となり、現在まで踏襲されている評価方法が始められる。さらに諸観点を３段階で評価するだけでなく、学習指導要領で明示されている各教科の教育目標に合わせ、しかも目標に準拠して以下の様な「評価基準」で行うことが示された。

「十分満足できると判断されるもの」 ⇒ Ａ

「おおむね満足できると判断されるもの」 ⇒ Ｂ

「努力を要すると判断されるもの」 ⇒ Ｃ

この評価基準の提示は、観点別に評価する学習成果をより明確な基準で判断する方法を明示したものとして画期的であった。これは、絶対評価のカテゴリーに含まれる到達度評価の問題点、すなわち教師の主観的判断による不公正な評価を極力排除して、客観性を担保するものとして重要であった。

指導要録の改訂は、その後2001（平成13）年と2010（平成22）年に行われたが、「集団」に準拠した相対評価から、児童生徒ひとり一人の「目標」に準拠し、個人内評価を重視する方向性に大きな変化はなかった。ただ、2010年の改訂では、観点項目が、「関心・意欲・態度」（学習意欲）、「思考・判断・表現」（活用）、「技能」（習得）、「知識・理解」（習得）に整理統合されている。

3　確かな学力への転換と教育評価

新学力観に基づくゆとり教育の実現は、1998（平成10）年の学習指導要領改訂で完成を迎える予定であったが、この時期以降、基礎学力の低下問題が顕在化してくる。さらに、OECDが実施したPISA調査（国際学力到達度調査）の影響から、単なる教育内容習得の学習から、成人後の生活を想定した学びのあり方が大きなテーマとなった。それは単に個々人の学習目標の到達度の問題だけではなく、21世紀の「知識基盤社会」を生きていくための資質能力を開発していく問題と深く関わるものであった。

OECDは、そのような主要な能力を「キー・コンピテンシー（Key competency）」、すなわち「主要な資質・能力」と名付けている。それは、①自律的に活動する能力、②道具を相互作用的に用いる能力、③異質な集団で交流する能力、という3つの領域から構成されるものであり、そのような資質・能力が個々人に育成されることで幅広い探究学習が可能となり、21世紀を生き抜いていく力を身に付けることができる。というのも、これからの知識基盤社会では、グローバル化の拡大によって知識に国境がなくなり、絶え間ない競争とイノベーションが進み、価値観のパラダイム転換が起こることが予想されるからだ。そして、こうした事態に対応するためには、広範な知識と柔軟な思考力や判断力が不可欠で、性別や年齢を問わない社会参画も重要となってくる。こうしたキー・コンピテンシーの習得度を見るために実施されたのが、PISA 調査であった。この調査は2000（平成12）年から実施され、我が国は、①数学的リテラシー（１位）、②読解力（８位）、③科学的リテラシー（２位）の試験で好成績を収めたが、2003（平成15）年には、①４位、②14位、③２位と低迷し、特に読解力の低下が顕著となった（PISA ショック）。

このため文部科学省は、新学力観に代わって、「確かな学力」観を打ち出し、2006（平成18）年の改正学校教育法において、学力の重要な要素として次の３つを規定した。それは①基礎的な知識及び技能を習得させること、②知識及び技能を活用して課題を解決するために必要な思考力、判断力、表現力その他の能力を育成させること、③主体的に学習に取り組む態度を養うこと、であった。これら学力の３要素は、OECD のコンピテンシー概念の影響を受けて学校教育法に盛り込まれたものであり、さらに2008（平成19）年の学習指導要領改訂では、教育目標として、①生きて働く知識・技能の習得、思考力・判断力・表現力等の育成、③学びに向かう力、人間性の涵養、が設定された。このような教育目標を明示したことによって、学校教育には、基礎的・基本的な知識及び技能の習得や、それらを活用して課題を見いだし、その課題と解決する「思考力・判断力・表現力」が求められることになった。

特に「思考力・判断力・表現力」を育成させるためには、以下の６つの学習活動が重要になると言われている。

①体験から感じ取ったことを表現する。
②事実を正確に理解し、伝達する。
③概念・法則・意図等を解釈・説明・活用する。
④情報を分析・評価し、論述する。
⑤課題について、構想を立てて実践し、評価・改善する。
⑥相互に討論し、自ら考えや集団の考えを発展させる。

学習指導要領においては、これら６つの学習活動の基盤となるものとして、

「言語活動の充実」が求められている。例えばそれは、理科の観察・実験レポートや、社会科の見学実習レポート等の作成や推敲するための言語運用能力を高め、それらを発表したり、討論したりすることを、全ての教科において取り組むことである。そうした言語活動の充実によって思考力、判断力、表現力等が育成されていくとしている。すなわち、このような学習観は、「知識・技能・理解」の「習得」が、学力の基礎や土台を形成する第１層で、それらを「活用」しながら「思考力・判断力・表現力」を育成するのが第２層で、主体的に取り組む「探究的態度」が第３層となる「３層構造」の学習観であった。

以上のように、2008年に「確かな学力」の学習観に基づいた学習指導要領は大幅な改訂がなされたが、すでに指摘したように指導要録については、2001（平成13）年と2010（平成22）年の改訂に大きな違いはなかった。ただ、どちらの改訂でも教育評価の基準は「目標」準拠型のスタイルと取っており、その意味では従来の相対評価中心の評価づけからは完全に脱却したと言えるだろう。それどころか、この「目標」準拠型の教育評価はさらに進化し、一連の「PDCA サイクル」の中に学習活動の評価の位置づけや、新しい評価方法として「ポートフォリオの活用」、「パフォーマンス評価」等が明示されている。さらに、学力の３要素に関する評価の表記としては「習得」「活用」「学習意欲」と観点別学習状況の整理がなされ、確かな学力を評価する方向性が明確になった。

ただ2010年の指導要録の改訂で注意したいのは、2001年とは違い、この種の公文書の性格付けが変えられた点である。周知のように戦前の学生簿の時期から、指導要録のような文書は、いわゆる「公簿」的な機能が強かった。すなわち児童生徒を管理する原簿としての機能である。ところが、この改訂を機にして、児童生徒を指導する基礎資料のような性格付けの色彩が強くなった。その理由としては、文部科学省が学習指導要領における教育目標の達成を急いだことと、2007（平成19）年から PISA ショックを契機として行われた全国学力・学習状況調査によって個々の児童生徒の資質・能力の向上が急務の課題となったことがあると言えるだろう。そのため、従来の指導要録のように「評定」中心の内容や生徒の成績評価を補完する「所見欄」中心のものから、児童生徒たちへの個別の自由記述も可能なものに変わっている。ここにも指導要録の評価のあり方が、「集団」準拠型の評価から、「目標」準拠型の評価へと変わったことが見て取れる。

4　現行学習指導要領（2017年）の趣旨と教育評価

（1）社会に開かれた教育課程としての学習指導要領

2017（平成29）年に改訂された学習指導要領は、これまでにない大きな改訂であり、「社会に開かれた教育課程」の実現が重要なテーマとなっている。基本的には前回の改訂同様に、単なる教育内容の習得ではなく、OECDが標榜する成人として社会に出た後の生活を想定した学びのあり方がテーマとなっている。そのため学習指導要領が目指す教育理念は、「よりよい学校教育を通じて、よりよい社会を創る」ために、学校と社会が協力し、連携・協働して児童生徒に必要な「資質・能力」を育むことである。

この資質・能力という言葉だが、これは教育基本法にも規定され（教基法５条２項）、児童生徒が持っている先天的資質を教育を通してさらに向上させ、さらに一定レベルの資質を後天的に身に付けさせるものである。ただ、教育を通じて育まれるものの中で、どれが資質で、どれが能力であるかの区別は困難であるので、今回の改訂でも、資質と能力を一体的に捉えて「資質・能力」と表記している。この資質・能力を児童生徒に身に付けさせるためには、前回の学習指導要領と同じように、３つの資質・能力の育成が考えられている。

先ず一つ目は「知識及び技能」の習得である。これは各教科等の指導に際して、児童生徒には既存の知識・技能を活用させて学ばせ、知識を相互に関連づけさせた深い理解や、他の学習や生活場面で活用できる習熟した技能を身に付けさせられるようにすることである。このような学びのプロセスは、従来から必要とされていたが、今回の改訂で注目したいのは、習得・活用・探究という学びのプロセスをより充実させるために「主体的・対話的で深い学び」が重視されるようになった点である。

次の「思考力・判断力・表現力等」の育成だが、これは知識・技能を活用して課題を解決するために必要なものと規定されている。この資質・能力の育成のためには、先ず最初に個々の教科等の特質に合わせた学びが重要だが、それ以上に重要なのは、教科等横断的な視点に立った学習過程において、言語能力、情報活用能力、さらには問題発見・解決能力等の学習基盤となる資質・能力を育成させ、さらにSDG's等の現代的問題を解決する資質・能力を育成させることである。こうした学びのプロセスを通して「思考力・判断力・表現力等」が育成される。

三つ目の「学びに向かう力、人間性等」の涵養だが、これには多様な諸能力や態度、言動が含まれている。それには、①主体的に学習に取り組む態度、②自己の感情や行動を制御・統制できる力、③多様性を尊重する態度、④相互の良さを生かして協働活動できる力、⑤持続可能な社会づくりに向けた活動ができる力、⑥リーダーシップ、チームワーク、相互理解、他者への思いやりや優しさ等の人間性等に関するもの、があげられる。

さて、これら３つの資質・能力の育成に効果的であるとされたのは、個々の教科等の教育活動を充実させるだけではなく、教科等の横断的な学習を行うことである。さらに、「主体的・対話的で深い学び」を進めて行くためには、各教科等における各単元等、数コマの授業のまとまりを意識し、習得・活用・探究の各段階の学習において、知的好奇心を高める教育方法的工夫が必要であるという。

そのためには、カリキュラムや個々の授業を適切に配分し、それに対応できる人的・組織的体制を確保し、実施状況の把握と改善などを行う必要がある。そうすることで、教育課程編成に基づいた教育活動の質的向上が図れるように思われる。

ただ、そのようなことを実現させるためには、学校の指導体制を充実させ、児童生徒の学習活動が最大限効果的に行える「カリキュラム・マネジメント」を進めて行くことが不可欠な課題である。

(2) 学習指導要領改訂に伴う教育評価のあり方

さて、「観点別評価については、目標に準拠した評価の実質化や、教科・校種を超えた共通理解に基づく組織的な取組みを促す観点から、小・中・高等学校の各教科を通じて、『知識・技能』『思考・判断・表現』『主体的に学

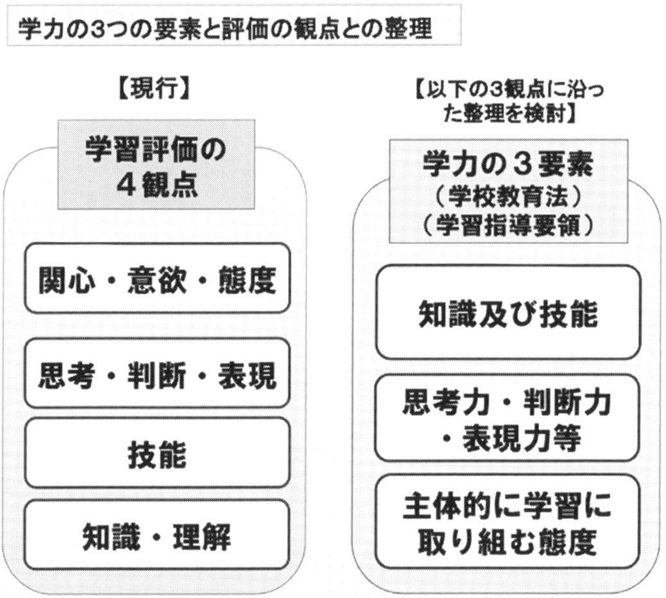

図１　学力の３つの要素と評価の観点との整理
(中央教育審議会「教育課程企画特別部会論点整理　補足資料」2015年)

習に取り組む態度』の３観点に整理する」ことが、2019（平成31）年の中教審から指摘され、指導要録の様式が改善された。

これら一連の指摘の中で特に注意したいのは、「主体的に学習に取り組む態度」と、資質・能力の柱の一つである「学びに向かう力・人間性等」をどのように解釈すればいいかという点である。すでに2016年（平成28）年の中教審答申において、「学びに向かう力・人間性」には、観点別評価を通じて見取れる部分と、その種の評価には馴染まないため、「個人内評価」を通じて見取れる部分がある点に留意すべきとの指摘がある。したがって「主体的に学習に取り組む態度」の教育評価でも、教師が観点別に評価していくことと、児童生徒自身が自ら学習目標を持ち、粘り強く「知識、技能」を習得し、「思考力、判断力、表現力」を身に付けていく中で、自らの学習成果を評価

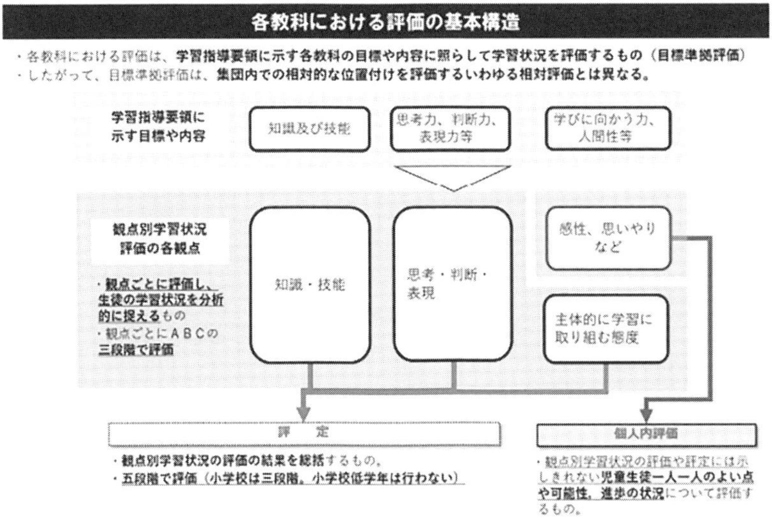

図２　各教科における評価の基本構造

（中央教育審議会初等中等教育分科会教育課程部会「児童生徒の学習評価の在り方について（報告）」2019年）

して行く「個人内評価」を同時に進めることが必要である。このような二面的な教育評価に対する考え方は従来明確には示されてこなかった重要な変更であろう。

5　おわりに

「児童生徒の教育活動の成果をどのように評価するか」という問いは、極めて難しい。評価には公正さが不可欠だが、その公正さをどのように維持していけばいいのかは、戦後の教育評価をめぐる論争において常に議論の的になってきた。ただ大きな方向性としては、数値的公正さが担保されてきた相対評価から、児童生徒個々人の目標への到達の度合いを評価する絶対評価への流れであったことは間違いはない。

新学力観を標榜したゆとり教育路線の中で、観点別評価は一定の理解を得てきた。先述したように、学力の３要素に沿った教育評価において、教師が行う観点別評価に、児童生徒自身による個人内評価を組み合わせながら適切な評価を行うことが今や大きな教育課題になっている。今後、令和の日本型学校教育の実現を目指して、個別最適化の学びと協働活動による学びが有効に機能し、適正な教育評価が行われる必要があるだろう。

引用・参考文献

安彦忠彦『改訂版　教育課程編成　学校は何を学ぶところか』放送大学教育振興会、2006年。
碓井岑夫「近代日本における教育評価の歴史―戦前を中心に―」『教育学研究』43巻第２号、1976年、137-147頁。
国立教育政策研究所編『生きるための知識と技能７　OECD生徒の学習到達度調査（PISA）―2018年調査国際結果報告書』明石書店、2019年。
田中耕治『教育評価』岩波書店、2008年。
田中耕治他著『新しい時代の教育課程〔第４版〕』有斐閣アルマ、2018年。
奈須正裕『「資質・能力」と学びのメカニズム』東洋館出版社、2017年。

（中央教育審議会関係の答申及び報告書は、適宜文部科学省のHPよりダウンロードした。）

第５章　教員養成改革の動向

1　教師はどのように養成されてきたか

「教える」ことは私たちにとって身近な行為である。例えば、親子で食事をしている場面を想像してみよう。子どもの箸の使い方に違和感を覚える親は、子どもに箸の持ち方を教えるかもしれない。野菜が嫌いな子どもには、なぜ野菜を食べる必要があるのかを教えるかもしれない。勉強が苦手な子どもに親は勉強を教えることもある。また、塾では講師が生徒に対して勉強を教えることが行われている。これらの例は大人—子どもという非対称的な関係の中で行われ、かつ明確な目的をもって行われるため「教育」として挙げることができよう。一方、大人—子どもの関係でなくとも、「教える」ことは行われている。友人同士で勉強を教え合うこともあれば、虫が好きな子どもが親に虫の種類や特徴を教える、あるいは伝えるかもしれない。

このように、私たちの身近には「教える」ことに関する様々な事象が存在している。しかし、これらの例で挙げた教える者は、教える者にはなりえても教師ではない。教師になるためには教員免許状が必要であり、この教員免許状を以て教師としての資質能力が身についているとみなされる。「教える」ことは誰にでもできるとみなされがちだが、職業としてみなされるためには、主に大学での教員養成によって最小限必要な資質能力を身に着け、その後の採用、そして教師になってからの研修を経る必要がある。これらの過程を経ることによって、誰にでもできるとみなされがちな「教える」ことは、公認された資格をもって行われる仕事すなわち「教職」となり、教える者は教師となる。

本章では、教師としての資質能力を養うために行われてきた教員養成改革の動向を確認しながら、さらに教師に求められる資質能力とその機制について概観したい。教員養成によって養われる資質能力は、その時代によって変わるものもあれば、いつの時代も求められる普遍的なものもある。教師はどのような資質能力をもって教師と認められるのか。まずは戦前の教師を教師ならしめていた機制からみていこう。

2　戦前の教員養成の経緯

現在の教員養成制度は、戦前の教育体制の反省を基に設計されている。戦前期において教師がその専門性を認められていた背景には、その資質能力というよりも教師が持っていた権威に拠るところが大きい。例えば、教育思想事典によれば「権威」とは次のようなものとみなされている。

「一般的には、外的強制や特別な説得を必要とすることなく、相手に対して従順な反応を有する主体（人、集団、制度、職業、地位、観念、体系など）を意味する語として用いられる。（中略）近代教育の歴史は、権威をめぐる理想と現実の相克の過程としてだけでなく、教育者が「主人」であることを消失させつつ被教育者に自発的従順を促すさまざまな技法の変遷として記述することができる。もちろんそのような技法は、個人のパフォーマンスの次元にのみ限定されるものではない。教育に関する時・空間および人間関係を、教師の権威を生成する構造として解読していくことも可能である。」

歴史的に見れば、権威が付随された教師は、教師というだけで子どもに教育的関係を結び、資質能力の有無に関わらず教師としてみなされていた。では、戦前期の教師にはどのような権威が付随されていたのだろうか。戦前の教師が持つ権威は（１）国家の代表としての権威、（２）学歴という権威、（３）大人としての権威、（４）賞罰に対する権威の四つに分類される。これらの権威はそれぞれ次のような特徴を持つ。

⑴ 国家の代表としての権威

戦前の教員養成では、国策として教師を育成することが至上命令とされた。森有礼は師範学校教育に「順良」「信愛」「威重」を重視した画一的な教育を求めたと言われている。教育勅語奉読式のような学校行事は、国家的儀礼であり、それをつかさどる教師の権威は極めて大きかった。

⑵ 学歴という権威

次に教師に付与されていた権威として、学歴が挙げられる。戦前は高等教育を受けられる国民が今に比べて圧倒的に少なかったため、教師は一般国民より知的レベルの高い存在として認められていた。さらに、師範学校の生徒は学費を免除され、生活費の一部を国や県から支給されていた。そのため、給費制の師範学校を出た戦前の教師だけではなく、戦後のある時期まで教師は、一定の尊敬と信頼が与えられた社会的存在であるとみなされていた。

⑶ 大人としての権威

大人としての権威は、教師にとって特に重要なものであった。その理由の一つに文字文化に対する日本人の関心の高さがあったと言われている。中でも重要なのが識字に対する関心の高さである。識字とは文字を読み書きし、理解できることであるが、日本の識字率の高さは幕末期の江戸で70％であり、同時期のロンドンの20％やパリの10％を大きく引き離していた。その理由の一つは、寺子屋に通っていたことが挙げられる。そこでは教師が師匠と呼ばれ、師匠から生徒である弟子が読み書きそろばんを教えられることが、その後の学校教師に対する尊敬の念につながっていったと言われている。子どもたちは、漢字をはじめとする文字文化を教える教師や大人に対する権威を認めていた。

(4) 賞罰に対する権威

体罰は明治初期には禁止されていた。例えば1879（明治12）年に制定された教育令の第46条では、「凡学校二於テハ、生徒ニ体罰ヲ加フヘカラス」となっており、体罰の禁止は明確に規定されていた。さらに1941（昭和16）年の国民学校令の第20条でも教師の懲戒権を認めつつも、体罰禁止は継続されていた。しかしながら、教師が子どもに懲戒権を行使するとき、それが明らかに暴力行為であるにもかかわらず、教育的愛情すなわち「愛の鞭」から発せられた行為であるとみなされる場合には、それが体罰なのか愛情なのかはきわめて不明瞭であった。そのため暴力的な愛の鞭を行使する戦前の教師には、強制力を有する権威があったといわざるをえない。

上述した四つの権威は、戦前から戦後のある時期までは、教師という職業そのものに付与されていたと言われている。教師個人の性格や人柄は直接関係なく、教師職そのものに担保されていたといってよいだろう。極端な言い方をすれば、仮に未熟なスキルや見識しか持ち合わせていない教師であっても、この四つの権威によって子どもたちと一定の教育的関係を保持できる社会的位置にいたと言えよう。この場合、教師は絶対的権威を持った聖職者のような地位にいて、その権威は神聖不可侵なものであるとの認識が定着してたともいえる。またそうであるがゆえに、生徒や学校に対しては「無償の教育的義務」や、「奉仕の精神」が必要とされていたことも確認しておきたい。それは、「教え子のための犠牲的精神を払うことは当然である」との教師観である。

3　戦後の教員養成の展開

戦後、民主主義的政治体制が確立し、教員養成が大学を中心としたシステムに移行する中で、教師は国家体制の末端を担う社会的存在ではなく、民主的な社会建設の中心的役割を持つことになる。そのため、教師には、自主的、自律的、創造的な教育活動を先導する役割が与えられるようになる。しかも国民の根本的な権利としての労働三権は、教師にも当然付与されており、労働者としての権利保障もなされることになる。1947（昭和22）年の日本教職員組合（日教組）の結成は、教師の待遇と労働条件の維持改善を求めた活動の展開を可能にさせた。1952（昭和27）年に日教組は、「教師の倫理綱領」を制定し、教師は学校を労働の場とする労働者であり、他の労働者と同じような権利を持つことが確認された。ただ、この様な教師観は、戦前から脈々として受け継がれてきた聖職者としての教師観との対立関係を生み出すことにもなった。特に、聖職者と見なされるがゆえに、無償の教育的義務や犠牲的精神を求められることは、労働者としての教師観とは相容れないものであった。そのため、戦後しばらく、教員養成は、教師を聖職者として育成するのか、それとも労働者として育成するのかの議論が対立することになった。ただ、こうした対立は実り豊かな教員養成のあり方の議論へと転換されることはなく、不毛な論争になったと言われている。

しかも我が国は高度経済成長期に入り、教師と民間企業の労働者との経済格差が大きくなると、教員という職業に対する魅力そのものが大きく低下していった。多くの企業が大量の労働者を必要とし、高い労働賃金が支払われると、「デモシカ教師」と揶揄する言葉が流行った。これは、一般企業に就職できないから教職を選ぶしかないことを意味する言葉であった。「教師にでもなるか」、「教師になるしかない」という諦観的な理由で教職を選ぶことは、教職に対する魅力が大きく低下したことを意味していた。

このような流れの中で、ILO（国際労働機関）とユネスコ（国際連合教育科学文化機関）が1966（昭和41）年に提出した勧告書「教員の地位に関する勧告」は、聖職者 VS 労働者の教職論争や、「デモシカ教師」論に終止符を打つことになったと言われている。それは、聖職者と労働者の二者択一的な教師観ではなく、第三の職業観、すなわち、「教育の仕事は専門職とみなされるべきである。この職業は難しい、継続的な研究を経て獲得され、維持される専門的知識及び特別な技術を教員に要求する公共的業務の一種である」。この勧告によって教師観の在り方を巡る論争は、教師は聖職者でも労働者でもない、それ自体特別な意味をもつ専門職としての教師とは何か、専門職ならしめる専門性とは何か、に争点が移っていく。この勧告書をきっかけに、教師の資質能力や「実践的指導力」、教科等の専門的知識以外の深い人間理解や教育的愛情の必要性が議論されていくこととなった。次節では、これらの流れを受けて提示された教師の資質能力について整理していこう。

4　「不易」と「流行」の教師の資質能力問題

「教員の地位に関する勧告」で指摘された専門職としての教職論を受けて、教師の専門性について言及した答申として1997（平成9）年の教員養成審議会答申（以下、教養審答申）と2012（平成24）年の中央教育審議会答申（中教審答申）が挙げられる。これらの答申では、専門職としてのこれからの教師に求められる二つの資質能力として、「いつの時代も教員に求められる資質能力」（不易）と、「今後特に教員に求められる資質能力」（流行）の重要性が指摘されている。

不易なものとして位置付けられている「いつの時代も教員に求められる資質能力」は、専門職としての教師に必要な基本的なものを指している。その内容として、「教員としての使命感、人間の成長・発達についての深い理解、幼児・児童・生徒に対する教育的愛情、教科等に関する専門的知識、広く豊かな教養、これらを基盤とした実践的指導力等」が挙げられている。これらは時代によって変わるのではなく、教師にとって常に求められるものとして考えられてきた。

教師にはこれらの能力が常に求められる一方、私たちが生きている社会状況に対応するための能力も求められる。近代教育は、科学技術と共に発展し、そこに携わる教師の能力もまた、科学技術の発展がもたらした変化に応じることを求められてきた。例えば工場から出る汚染水や排気ガスといった環境問題について論じる視点は、その地域に住む住人や国の問題に留まらず、将来その地域に住むことになる次世代の住人や、私たちが住んでいる地球そのものとの関わりと拡大されている。このような社会の急激な変化に対応するために中教審次答申は三つの資質能力を挙げた。

第一に、地球的視野に立って行動するための資質能力（地球、国家、人間等に関する適切な理解、豊かな人間性、国際社会で必要とされる基本的資質能力）である。第二に、変化の時代を生きる社会人に求められる資質能力（課題探求等に関わるもの、社会の変化に適応するための知識及び技術）である。第三に、教員の職務から必然的に求められる資質能力（幼児・児童・生徒や教育の在り方に関する適切な理解、教職に対する愛着、誇り、一体感、教科指導、生徒指導等のための知識、技能及び態度）である。

これらの能力が求められるようになった背景には、先述した技術の変化だけでなく、子どもたちを取り巻く社会状況の急激な変容も挙げられるだろう。子どもたちを取り巻く社会状況がこれまでになく変容し、多様な問題を内包するようになった。そのため、子どもたちを見るまなざしや子ども理解もまた、多様なものとなった。そのため教師には、人間関係の在り方やコミュニケーション能力、そして情報化社会という変化に対応し、その変化の中で生きる子どもたちへの対応も求められる。

このように、教師には常に求められる資質能力と時代の変化に対応するための資質能力が求められてきた。このような資質能力の向上は、21世紀の社会が知識を集積し、その有効活用が求められる「知識基盤社会」になるに際立って求められるようになった。技術の発展により子どもも大人も簡単に知識にアクセスできるようになったため、今日の教師は既知のことがらの意味を常に省察し、時代の変化に対応できる「学び続ける存在」であることが求められるようになったのである。

ここまで述べてきた資質能力は個々の教師の力量形成に関わるものであった。「不易」と「流行」において指摘されてきたものは、個々の教師の専門的力量を高め、多様で複雑な教育問題や学校教育環境に対処できるための教師を育てる、というコンセプトであると言えよう。

しかし、教師個人の専門的力量を高めることによってこれらの問題に対処しようとするやり方には限界があり、それを求めすぎると、教師一人の負担を大幅に増やすことにもなりかねない。例えば、多様な専門性を有するが故に、部活動への対応や保護者等への対応の時間が増え、教材研究に十分な力を入れられないということは、本末転倒な事態であると言える。

時代の変化によって学校教育を取り巻く問題は大きく変わり、教師一人が対応できる範囲には限界ができつつある。教師に時代の変化に対応する専門性を身につけることを求めるのであれば、教員という職業の在り方もまた、時代の変化に対応する必要があるだろう。

こうした現状を十分に考慮して2015（平成27）年12月21日に出されたのが中教審の三つの答申である。以下分析を進めたい。

5　チーム学校と三つの中教審答申

2015（平成27）年の12月21日に出された三つの中教審答申には、それまでのコンセプトとは異なる視点が多く組み込まれている。結論を先取りしていえば、それは教師の資質能力を個人に集約することへの限界と、その限界を乗り越えようとするための教師という職業の捉え直しへの指針であった。

それが（１）「チームとしての学校の在り方と今後の改善方策について」（中教審第185号）、（２）「これからの学校教育を担う教員の資質能力の向上について～学び合い、高め合う教員養成コミュニティの構築に向けて～」（中教審第184号）、（３）「新しい時代の教育や地方創生の実現に向けた学校と地域の連携・協働の在り方と今後の推進方策について」（中教審第186号）である。これら三つの中教審答申は次のような内容であった。すなわち、同時期に並行して審議されていた次期学習指導要領の教育課程を実現するための指針として、アクティブ・ラーニングの観点や、ICT の活用について言及されたものである。さらに、これらの実現のためにこれまで言及されてこなかった学校組織や地域連携を踏まえた教員養成について指摘するものであった。

例えば中教審第184号では、学習指導要領の実現を目指すために、アクティブ・ラーニングの視点からの授業改善、道徳教育の充実、小学校における外国語教育の早期化・教科化、ICT の活用に対応できる力量が言及されている。さらに、発達障害を含む特別な支援を必要とする児童生徒等への対応など、新たな課題に対応するための力量も、これからの学校教育を担う教員の資質能力として指摘されていた。とりわけ ICT の活用は Society5.0時代を見越した指摘であり、その後の教員養成においても重要なものの一つとして位置付けられていくこととなる。

そして、これらを実現するためには教員一人の資質能力だけでなく、組織として学校教育に取り組むことが指摘される。学校が抱える課題の複雑化・困難化に対応するために、学校と地域はパートナーとして相互に連携・協力していく必要があり、社会総がかりで教育の実現を図る必要性が言及されていた。また、チームとしての学校での体制整備は、教育課程を実現するためだけでなく、教師が子どもと向き合う時間の確保という側面も備えている。我が国の教員は、学習指導や生徒指導、部活動など幅広い業務を担い、子どもたちの状況を総合的に把握して指導している。その一方で、わが国の学校は諸外国と比較し教員以外の専門スタッフの配置が少なく、国際的にみても勤務時間が長いことが指摘されている。そのため、教師一人に掛かる負担が大きく、教師が教育活動に十分に力を入れることができないという問題を引き起こしかねない。

これらに加えて、今日の学校教育を巡る問題が多様化しているという側面もチーム学校が要請された背景としてあげることができる。いじめや不登校だけでなく、子どもの貧困問題など、学校教育を巡る問題が多様化している。そのため、教員には心理や福祉等の専門性が求められるになった。しかし、先述した通り教師に業務が集中しすぎることは、教師が十分に能力を発揮できない状況にもつながりかねない。そのため、チームとしての学校は、教師が一人で問題に対応するのではなく、それぞれがそれぞれの専門性を以て問題に連携・協力して取り組むことの重要性を指摘している。このチーム学校の提示は、教師の資質能力について言及するというよりも、教員という職業の在り方に言及した答申であると言えるだろう。資質能力だけでなく、教員という職業の在り方を問うことによって時代の変化に対応できる学校教育を実現しようとしていることが伺える。

6　「令和の日本型学校教育」に伴う教員養成の動向

ところで、前節で整理した三つの中教審答申による教員の資質能力及び在り方は、新型感染症の爆発的な拡大（以下、コロナ問題）によって、前倒しされ再度検討されることとなった。すなわち、本書の第１章でも指摘されているように、「『令和の日本型学校教育』の構築を目指して―すべての子供たちの可能性を引き出す、個別最適な学びと協働的な学びの実現―」（2021年１月26日、以下「令和の日本型学校教育答申」）では、以前から対応が求められていたにも関わらず、十分に取り組めていなかった様々な教育問題を、喫緊の課題として提示している。教職の在り方の諸課題もその一つであったが、その課題解決の実現を図るため、2022年（令和４年）12月19日には「『令和の日本型学校教育』を担う教師の養成・採用・研修等の在り方について～『新たな教師の学びの姿』の実現と多様な専門性を有する質の高い教職員集団の形成～」（以下、中教審第240号）が提示された。この中教審第240号において、注目されるのは、児童生徒の個別最適な学びが「孤立した学び」にならないよう、協働的な学びの重要性が再度強調されている点である。そのため、教師の資質能力及びその在り方も、先述した三答申とは大きく変わることとなる。とりわけ注目すべきなのは、チームとしての学校という考え方を維持しつつも、教師個人の資質能力について再度言及された点である。

中教審第240号は「令和の日本型学校教育」を実現するために次の５点を提示している。①教員に求められる資質能力の再定義、②多様な専門性を有する質の高い教員集団の在り方、③教員免許の在り方・教員免許更新制度の抜本的な見直し、④教員養成大学・学部・教職大学院の機能強化・高度化、⑤教師を支える環境整備、の５点である。

①及び②は、個人の専門的力量と、教師という職業の在り方について言及されたものであろう。教員に求められる資質能力の再定義は、これまで不易なものとして求められてきた資質能力に加え、令和の日本型学校答申で提示された「学校教育を取り巻く環境の変化を前向きに受け止め、教職生涯を通じて学び続け、子供一人一人の学びを最大限に引き出し、主体的な学びを支援する伴走者としての役割」という教員の在り方を実現するためのものとしてその資質・能力の再定義を試みたものであった。特に、指導者ではなく伴走者として子どもの主体的な学びを支援する能力や、ヤングケアラー問題のような特別な配慮や支援を必要とする子供への対応、コロナ禍におけるICTや情報・教育データの利活用が指摘されている。

この資質能力の再定義と関わって、多様な専門性を有する質の高い教員集団の在り方もまた「令和の日本型学校教育」を実現するうえで重要なものとして位置付けられた。チームとして学校教育に取り組むことで時代の変化に対応する教育が実現されることは既に述べたが、特別免許状の授与件数が伸び悩むなど、学校外で勤務してきた経歴や専門的な知識・技能を有するものが学校現場において十分に活躍できていないとの実情がある。また、今後学校を巡る様々な課題に対応するために、全教員が多様な専門性を有することの重要性が指摘されている。

そのため、多様な専門性を有する質の高い教職集団は喫緊の課題と言えるだろう。とはいえ多様な専門性を有する質の高い教師の確保を、個人の資質能力に還元することは教員の負担が増加することにもなりかねない。教師一人の専門性を高めつつ、それが負担にならない教員という職業の姿については、今後も検討されるべき課題だと思われる。

引用・参考文献

中央教育審議会「教職生活の全体を通じた教員の資質能力の総合的な向上方策について（答申）」2012年。
中央教育審議会「チームとしての学校の在り方と今後の改善方策について（答申）」2015年。
中央教育審議会「これからの学校教育を担う教員の資質能力の向上について ～学び合い、高め合う教員育成コミュニティの構築に向けて～（答申）」2015年。
中央教育審議会「新しい時代の教育や地方創生の実現に向けた学校と地域の連携・協働の在り方と今後の推進方策について（答申）」2015年。
中央教育審議会「「令和の日本型学校教育」を担う教師の養成・採用・研修等の在り方について（諮問）」2020年。
中央教育審議会「『令和の日本型学校教育』の構築を目指して ～全ての子供たちの可能性を引き出す，個別最適な学びと，協働的な学びの実現～（答申）」2021年。
中央教育審議会「「令和の日本型学校教育」を担う教師の養成・採用・研修等の在り方について～「新たな教師の学びの姿」の実現と、多様な専門性を有する質の高い教職員集団の形成～（答申）」2022年。
デュルケム、E 著、麻生誠・山村健訳『道徳教育論１』明治図書、1964年。
教育思想史学会編『教育思想事典』勁草書房、2017年。
樋口聡教授退職記念論集・編集委員会『身心文化学習論』創文企画、2021年。
佐喜本愛・小川哲哉・勝山吉章著『歴史に学ぶ日本の教育』青簡舎、2017年。
曽余田浩史・岡東 壽隆編『新・ティーチング・プロフェッション―次世代の学校教育をつくる教師を目指す人のために』明治図書、2019年。

第6章
特別の支援を必要とする児童生徒への政策動向

価値多元社会の広がりとともに、学校現場では様々な児童生徒が共生していくことが求められている。特に近年、発達障害や軽度な知的障害をはじめとする障害のために、特別な教育支援が求められる児童生徒たちとの共生は、重要な教育課題となっている。さらに国際化の進行とともに、特別な教育的ニーズが必要な外国人子女、中でも母国語だけしか話せないので日本語教育が必要不可欠な児童生徒の問題も重要である。また、経済的貧困から、生活上の不安を抱えている「ヤングケアラー」の児童生徒たちへの対応も急務の課題となっている。

本章では、こうした特別の支援を必要とする児童生徒たちの実態と、彼らに必要な学校教育のあり方について考えてみたい。

1　発達障害等の児童生徒への教育支援活動

(1) インクルーシブ教育と特別支援教育

2008（平成20）年に国連から発効された「障害者権利条約」の中で注目されるものとして「インクルーシブ教育」がある。インクルーシブ教育とは、障害ない人と障害を持っている人が分離されることなく、共生して学べる教育活動のことである。そこには「人間の多様性」を尊重し、障害者たちの精神的・身体的諸能力を「最大限度」まで発達させ、彼らが生きがいを持って自由な社会の中で暮らせることが前提とされている。

こうした国際的なインクルーシブ教育に対して、わが国の障害者教育は、元来養護学校等を中心とした3つの教育施設で行われてきた。一つ目は視覚障害者のための「盲学校」、二つ目は聴覚障害者のための「聾学校」、そしてそれ以外の障害をもつ児童生徒を受け入れる「養護学校」である。これらの学校では、一般健常者とは別の教育施設で専門的な教職員による障害者教育がなされてきた。

こうした障害者教育の大きな転換点は、2001（平成13）年1月の中央省庁再編であり、この再編を契機に初等中等教育局にあった特殊教育課が特別支援教育課に変わり、新たな障害者教育用語として「特別支援教育」が登場することになった。これによって、従来3つの教育施設でそれぞれの専門性を生かして行われていた障害者教育は、特別支援教育に統括された。このような変化の背後には、国際的なインクルーシブ教育の広がりがある。1994（平成6）年にユネスコとスペイン政府が共同で提唱した「サマランカ宣言」では、「万人のための教育（Education for All）」の観点から障害の有無に限らないトータルな教育システムの枠組みが提案された。特別支援教育も基本的には、この枠組みの中で登場することになったと言ってよい。

（2）発達障害と特別支援教育

特に、特別支援教育に期待されたのが、様々な発達障害等の児童生徒への対応である。例えば、「学習障害（LD）」、「注意欠如・多動症（ADHD）」、「高機能自閉症（アスペルガー）」等の発達障害をもつ児童生徒たちへの対応は、特別支援教育にとって急務の課題となった。LDの子どもは、知的発達についてはそれほど問題ではないが、読む、聞く、話す、書く、計算・推論するの力が極端に低い学習障害を起こしているため、分かりやすい情報の提示や、その子に応じた学習目標の設定や得意な面を生かしてやるなど、本人の自信や意欲をなくさないような教育支援が必要となる。ADHDの子どもは、年齢や発達とは不釣り合いな注意力、衝動性、多動性等の障害により、注意や集中が続かないため、適切ではない言動や目的のない無意味な行動を取ったり、十分考えない行動を起こしてしまう。こうした子どもには、仮に逸脱行動を起こしてしまっても頭ごなしに叱責しないで、良い点をほめて自己有用感を高めてやりながら、無理のない学習目標や衝動行動が制御できる指導を心がける必要がある。アスペルガーの子どもは、対人コミュニケーションスキルや想像力が欠けており、他者との関係を上手く作れない障害を持っている。そのため、知的障害がないにもかかわらず、婉曲的表現や相手の表情から相手の本心や感情を深く読み取ることができないので、相手の立場や気持ちを考えない発言や暴力的発言を平気でしてしまう。そのために重大な対人トラブルを引き起こしやすい。こうした子どもには、自己反省的思考がないので、できるだけ頭ごなしの叱責を避けながらも、伝えたいことを明確に言う必要がある。さらに、感覚過敏や外部からの刺激に敏感になりやすいので、いきなり刺激を与えるとパニックになる可能性がある。そのため、一声かけて心の準備ができるような指導の必要がある。また、比喩的表現や代名詞や指示語への理解が困難な子が多いので、あいまいな表現を避け、短い文章で具体的な言葉を使って指導することも大切である。

(3) 多様な学びの場としての特別支援教育

上述したように養護学校等を中心に行われてきたわが国の障害者教育は、先の「サマランカ宣言」等、国際的なインクルーシブ教育の広がりを受けて、特別支援教育への転換が進められることになった。特に、2012（平成24）年の中央教育審議会（以下、中教審）の「特別支援教育の在り方に関する特別委員会」でまとめられた「論点整理」では、インクルーシブ教育の制度的構築に向けた特別支援教育導入の必要性が強く指摘されることになった。

ところが実際には、人的・物的な環境整備等の問題から、そのような特別支援教育の実現が十分になされてきたとは言い難い面があると言われている。とりわけインクルーシブ教育の視点に立った特別支援教育の推進は依然として難しい状況にあるし、障害の有無にかかわらず全ての児童生徒が通常学級で学ぶことは実現したとは言いにくい。そこには、わが国の障害児教育制度の特徴的な独自性があると言われている。その一つが「通級による指導」であろう。

通級による指導とは、障害を持った児童生徒が、通常の学級で学びながら、その一部を個別的な特別支援教育を受けることができる教育指導である。そもそも通級による指導は、1960年代後半頃から「言語障害特殊学級」や「難聴特殊学級」を「ことばの学級」や「きこえの学級」という名称で、通級による指導と類似するものとして実施してきたことに起因している。

文部科学省（以下、文科省）はこの種の特殊学級を、1993（平成５）年度からは、学校教育法施行規則を改正して「通級による指導」として正式に運用し始めた。これによって小・中学校では、通常学級に籍を置く軽度の障害のある児童生徒は、年間35単位時間から280単位時間以内で通級による指導が可能となった。これは、週１単位時間から週８単位時間にあたる。さらにLDやADHDの児童生徒に関しては、年間10単位時間（月１単位時間）程度を下限として、年間280単位時間まで通級による指導が可能となっている。調査統計によれば、特別支援教育を受ける子どもの数は、2021（令和３）年度には10年前の２倍の約57万人になっており、通級による指導の必要性は大きな意味を持っている。

ただ、このような形態の特別支援教育は、インクルーシブ教育を推進する国際的な流れとは相いれない面が多く、障害のある人の人権と自由を守るために国連で採択された「障害者権利条約」（2007年採択：日本は2014年に批准）の精神にも一致するものとは言い難い。障害者権利条約に履行状況審査は、2022（令和４）年８月に国連の権利委員会によって初めて行われたが、通級による指導のような「分離教育」は、根本的な是正が求められた。さらに、インクルーシブ教育の実現のために、①教員の増員、②他職種との連携、③教員の質の向上、が不可欠であることが指摘されている。

こうした国連の権利委員会の指摘に対して、永岡桂子文部科学大臣は、

「多様な学びで行われている特別支援教育の中止は考えていない」と共に「勧告の報告を踏まえて引き続きインクルーシブ教育システムの推進に努めたい」とのコメントを出している。そのため現状では、小学校入学段階において以下の４つ選択肢が用意されている。①普通学級・通常学級、②通級指導教室、③特別支援学級、④特別支援学校。①の場合は、普通クラスでの学びになるので、障害のある子どもへの個別指導計画の配慮やクラスメートの理解と協力が不可欠となる。②の場合は、普通クラスに在籍しながら、支援の必要があるときに通級指導教室に通うことになる。給食や体育等では普通クラスの子どもたちと一緒参加することができる。③の場合は、軽度の障害のある子どもの特性に応じた教育を行うために設置された学級で、個別の指導計画に基づいて専門的な知識を有した教員が指導・支援を行うことになる。④の場合には、地域の小学校に在籍するのではなく、特別支援学校単体に在籍することになる。そのため、特別支援学校の免許を取得した専門的な教員による指導を受けることになる。

このようにわが国の場合は、国連の勧告にあるような統括的なインクルーシブ教育ではなく、個々の児童生徒の特性に合わせた多様な学びの場において障害を持った子どもと関わることを前提としている。このような多様性を保持しつつ、どのような形態のインクルーシブ教育を展開していくのかが今後の課題となっている。

2　特別な教育的ニーズが必要な外国人児童生徒への教育支援活動

(1) 外国人児童生徒に対する教育的配慮

2017（平成29）年、2018（平成30）年に改訂された小・中学校及び高等学校（以下、高校）の学習指導要領総則で注目したい点がある。それは、特別な配慮を必要とする児童生徒への指導に関しては、従来通り障害のある児童生徒などへ指導と共に、海外から帰国した児童生徒などの学校生活の適応や、外国人子弟で日本語の習得に困難のある児童生徒に対する日本語指導が付け加えられたことである。これは特別支援教育が対象とする領域の拡大を意味しており、重要な変更である。

まず、海外から帰国した児童生徒については、日本の学校生活にスムーズに適応できる環境づくりを心がけるだけではなく、外国での生活経験が生かせるように適切な教育指導が求められている。外国人子弟の日本語指導については、通級による日本語指導のための教師間の連携と、計画的な指導によって効果的な成果が得られる教育支援活動が必要とされている。さらに高校段階では、生徒が学校の定める個別指導計画に従い、通級による日本語指導の履修を単位修得として認定することが求められた。

文科省は、2022（令和４）年10月に「日本語指導が必要な児童生徒の受け入れ状況等に関する調査（令和３年度）」の結果を発表している。それによると、日本指導が必要な児童生徒の数は、日本国籍１万688人、外国籍４万7619人の合計５万8307人であり、年々増加の一途をたどっており、この数は前回の2018年と比べると7181人増加となっている。また日本語指導が必要な外国籍の児童生徒の母国語を見てみると、圧倒的に多いのがポルトガル語で全体の約25％を占めており、続いて中国語、フィリピノ語、スペイン語、ベトナム語と続く。

(2)　外国人児童生徒に対する文科省の施策

こうした外国人児童生徒たちの急増に対して、文科省は従来から国際人権規約等を踏まえて、基本的には公立義務教育諸学校への就学を無償で受け入れており、彼らは基本的には日本人の児童生徒と同一の教育を受ける機会が保障されていると言ってよい。ただ、先の令和３年の調査によれば、こうした児童生徒の約１割程度が日本語指導等の特別な指導を受けることができず、結局約１万人の外国人の子どもが就学していないか、就学状況が確認できない状況にあることが明らかになっている。

そのため文科省は、すでに2014（平成26）年には、学習指導要領に表記されている通級による日本語指導が可能な「特別の教育課程」を制度化した。これは、小・中学校において一人一人の日本語能力に応じた個別指導を行う特別の指導クラスで、在籍学級以外の教室において日本語のトレーニングを行う教育課程である。特別の教育課程では、日本語指導担当教員が、年間10単位時間から280単位時間までを標準時間として日本語指導を行っている。

このように義務教育段階での施策は進みつつあるが、他方高校における日本語指導の制度化は急務の課題となっている。公立高校に在籍する外国人生徒たちは、2010（平成22）年の2224人から2021年には4808人に増加しており、彼らの中途退学率は高校生全体に比べて高いだけでなく、就職者における非正規就職率も高くなっており、対応が求められている。こうした問題に対して、文科省は中教審や検討会議報告の提言を踏まえて、2022年３月には、高校段階における「特別の教育課程」を編成し、日本語の個別指導とその単位認定を可能とする省令・告示等の改正を行っている。

文科省はこの種の施策を進めながら、地方公共団体が外国人児童生徒の就学促進、就学情報を得るための手引書『外国人児童生徒受入の手引き』（図１）を、2011（平成23）年３月に発刊し、2019（平成31）年には改訂版を出している。改訂版では、第１章 総論では、多様化する外国人児童生徒等教育に直接かかわる教師、指導主事、管理職などを対象に、今後の取組みの指針となる内容を取り上げ、第２章以降では、管理職向けとして、日本語教室の設置、校内研修の方法、人材配置のあり方、さらに地域との連携と協力の方法、各都道府県教育委員会、市町村教育委員会の組織的取組みについて具体的な施策を明示している。

3　貧困問題等をかかえる「ヤングケアラー」への教育支援活動

障害を持っているわけではないが特別な教育的ニーズが必要な児童生徒と

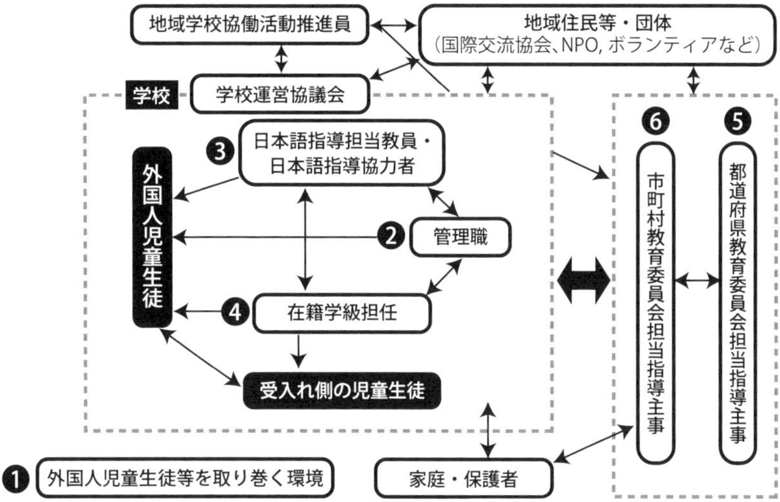

図１　外国人児童生徒受入の手引き
（『外国人児童生徒受入の手引き〔改訂版〕』より。図の中の数字は各章の数字を示している。）

して近年注目されているのが「ヤングケアラー」と呼ばれる子どもたちの存在である。

2022年12月に改訂された『生徒指導提要』の「児童生徒の家庭での過重な負担についての支援」に関する項目には、ヤングケアラーが次のように定義されている。「一般的に、本来大人が担うと想定されている家事や家族の世話」などを日常的に行い、いわゆる子どもの「お手伝い」のレベルをはるかに超え、その子どもの年齢や成長の度合いには全く不釣り合いな重責を負っている児童生徒のことである。

そもそもヤングケアラーが最初に注目されたのは、1993（平成５）年の英国で、多くの子どもたちが親や兄弟姉妹の介護や生活の世話をせざるを得ない状況に追い込まれ、教育だけでなく、健康や幸福度にまで大きな悪影響を受けている実態が報告されてからである。英国では長きにわたる政策的試行錯誤の結果、2014（平成26）年にヤングケアラーのための新たな項目を加えた「2014年家族と子どもに関わる法律」と「2014年ケア法」が制定され、積極的な支援が実現することになった。英国では2021（令和３）年現在で、およそ300にも上るヤングケアラーを支援する団体が存在している。

日本では、ようやく2018（平成30）年から全国的調査が行われるようになった。2020（令和２）年12月から翌年２月にかけて行われた厚生労働省と文科省のヤングケアラー実態調査では、中学２年生5.7%、全日制高校２年生では4.1%の生徒たちが家族の世話をせざるを得ない状況にあることが明らかになった。特にコロナ禍の影響で若年層の貧困や自殺等の問題が増加したことが、ヤングケアラー問題にも深刻な影を落としている。

こうした状況を受けて、国だけではなく地方からも積極的な支援策が出されるようになった。埼玉県では、2020年３月に全国初の「ケアラー支援条例」が制定され、地域社会全体でヤングケアラーが孤立しない支援活動を行い、教育機会の確保にも力を入れている。国政レベルでは2021年４月に、2025（令和７）年までの「子供・若者育成支援推進大綱」が策定された。大綱では、コロナ禍による子どもや若者の孤立化傾向が問題視され、孤独や孤立対策について次の５つの柱を立てている。①全ての子供・若者のすこやかな育成、②困難を有する子供・若者やその家族の支援、③創造的な未来を切り拓く子供・若者の応援、④子供・若者の成長のための社会環境の整備、⑤子供・若者の成長を支える担い手の要請・支援。これらの中の②については、ヤングケアラーの実態調査と教育支援活動の充実策が盛り込まれている。

文科省の支援活動にも注目したい。同省では、ヤングケアラーが抱える心の悩みに寄り添うスクールカウンセラーやスクールソーシャルワーカーによる相談体制を充実させる事業に、新たにヤングケアラー支援を含め、学校現場でにおいて過度なケアを強いられている児童生徒の早期発見と、支援活動の強化を盛り込んでいる。

ただ、ヤングケアラー問題については注意したいことがある。実は個々のケースにおいて、家族のケアは当の子どもにとっては逆に生きがいになっている場合もあるし、その子の生涯において貴重な体験・経験になっていることもある。それを単純に家族をケアをするのが悪いと見なし、ヤングケアラーを「可哀そうな境遇」の子どもと見なすことに対しては慎重でありたい。家族のケアの価値を認めながら、ヤングケアラーの子どもたちの声をよく聞いて彼らの気持ちに寄り添う姿勢が大切である。

4　結語的考察

冒頭でも指摘したように、今日のような価値多元化の社会においては、皆が共生できる社会の実現は不可欠である。その実現のためには、学校現場において多様な児童生徒たちへの教育支援活動は欠かせない。そのため教師自身に、発達障害等の児童生徒や外国人児童生徒、さらにヤングケアラー等、貧困にあえぐ子どもたちへの理解と適切な教育的指導が行える資質・能力を育成することは急務の教育課題である。

2017（平成29）年には、文科省から「教職課程コアカリキュラム」が提示され、「教育の基礎的理解に関する科目」に「特別の支援を必要とする幼児、児童及び生徒に関する理解」が学習目標として設定された。その中には単に発達障害等の子どもだけではなく、障害はないが特別な教育的ニーズのある子どもたちへの対応も含まれており、本章で取り上げた外国人児童生徒やヤングケアラー等の子どもも重要な教育対象であることが分かる。

ただ、特別の教育的ニーズとして、近年さらにその対応が強く求められているものの一つとしてLGBTQの性的マイノリティな子どもたちの問題がある。この問題は、現行学習指導要領等でも、教職課程コアカリキュラムでもまだ本格的には取り上げられていない。しかしながら国連の障害者権利条約にはすでにその問題への対応が求められていたし、わが国においては、2013（令和25）年に制定された、いわゆる障害者差別解消法（「障害を理由とする差別の解消の促進に関する法律」）において注目されるようになった。というのも同法律においては、差別解消の項目に「障害」だけではなく「社会的障壁」を加えられたからである。障害には、身体・知的・精神障害だけではなく、「その他の心身の機能の障害」が含まれ、それによって社会的不利益を被っている全てのマイノリティに対して合理的配慮を行うべきであることが定義されている。そのため、LGBTQ 等の性的マイノリティの児童生徒たちへの支援活動も、特別の支援を必要とする児童生徒への重要な教育支援活動に含まれることになるだろう。今後の展開に注目したい。

引用・参考文献

荒川智「特別の支援を必要とする子どもの教育に関する政策動向—日本語指導を中心に—」『茨城大学教育実践研究　第36号』2017年。

国立特別支援教育総合研究所『特別支援教育の基礎・基本2020』ジアース教育新社、2020年。

日本総合研究所『ヤングケアラーの実態に関する調査研究　報告書』2022年。

濱島淑惠『子ども介護者　ヤングケアラーの現実と社会の壁』角川新書、2021年。

宮本恭子「若年介護者（ヤングケアラー）を生まないために—なぜ、子どもが介護のにない手になるのか—」島根大学法文学部山陰研究センター紀要『山陰研究（第14号別冊）』2021年。

森山至貴『LGBT を読み解く—クィア・スタディース入門』ちくま新書、2017年。

文部科学省「通常の学級に在籍する特別な教育的支援を必要とする児童生徒に関する調査結果」2022年。

文部科学省『小学校学習指導要領』、『中学校学習指導要領』、『高等学校学習指導要領』2017年、2018年。

文部科学省『生徒指導提要』2023年。

文部科学省総合教育政策局国際教育課「日本語指導が必要な児童生徒の受入状況等に関する調査結果の概要」2021年。

同上「外国人児童生徒等教育の現状と課題」2021年。

第 2 部

学校教育の多様性

第７章　近代教育思想と学校教育

本章では、「学び」の多様性の歴史的源流を探るため、現代教育の土台を形成する近代教育思想に目を向け、学校教育制度との関係を考察してみたい。

1　コメニウスの教育思想と学校教育体系の構想

(1)　コメニウスにおける学校教育論

「近代教育の父」と称されるコメニウス（Comenius, J. A., 1592-1670）は主著『大教授学』（Didactica Magna, 1657）の巻頭で、「あらゆる人に、あらゆる事柄を（全般的に）、教授する普遍的な技法を提示する大教授学」と述べている。まさに、この著の中で論じられている学校論、教授・学習方法論、学校段梯論には近代教育史上、最初の教授法ならびに学校制度論をみることができる。

学校の成立は、社会や国家の発展がすすむ中で蓄積され、多様化し複雑化した知識や技能を体系的・組織的に教授する必要性が社会的要請となることで進められていく。

公教育機関としての学校が教育形態としてまだ普及していない時代に、コメニウスは「教育は実に万人に対して必要なもの」として、すべての国民を対象とする普遍教育制度を構想したのである。それは、コメニウスが言うところの「わず

図１　コメニウス, J. A.

梅根悟著　Comenius Great Educators　牧書店、1963年

かな労力で愉快に着実に習うことのできる学校」を通して、万人があらゆる事柄を自然の秩序に従って教育されるというものであった。

コメニウスが構想した学校段梯では、誕生から24歳までが学校教育の対象となり、幼年期、少年期、若年期、青年期の４段階を教育区分として、幼年期が母親学校、少年期が国語学校、若年期がラテン語学校もしくはギムナジウム、青年期がアカデミアという単線型の学校制度になっている。

また、コメニウスは教授技術の普遍化も目指したが、その際影響を受けたものが、当時飛躍的に発展した印刷機であった。印刷機が誰もがどこでも使用できるように機械化されたように、教授技術も「機械化」されることで、万人にすべての事柄を教授できると考えたのである。このことは、コメニウスが学校を「人間をつくる製作場」、教授技術を「印刷的教授法」と呼んだことにもあらわれている。コメニウスにとって教育の「機械化」は、教授技術を普遍的なものにするために必要なことであったのである。

(2) 近代的教科書の誕生

コメニウスが目指す教授技術に必要とされたのが、体系化された知識が教授学の諸原則に従ってまとめられた教材である教科書であった。これが世界初となる絵入りの初等言語教科書『世界図絵』(Orbis sensualium pictus, 1658)である。

コメニウスがこの近代的な教科書において考慮したのは、「やさしいものからむずかしいものへ」、「全般的なものから個別的なものへ」、「どんなことでも生徒自身の感覚を通じて教え」、「自分自身で応用できるように教えてやる」ことであり、これに基づいて知識を体系的に提示していき、それぞれに図画とそれに対応する言語を示している。

こうしたコメニウスの教授法は、聖書が教科書のように扱われる当時において、絵を入れることによって子どもの感覚を通じて行う点では、まさに画期的なものであった。ここには、後述するルソー以前にコメニウスにおいて、すでに子ども中心の合自然的教育の視点がみられることがわかる。また、学校制度に対して機械的であるとの批判もあるが、現代の学校制度の先駆性をみてとることができる。

このように、コメニウスの教授法は知識を体系的に、合理的かつ効率的に教授することを可能にする一方で、後に大きく批判されることになる教科書による教師主導の知識詰め込み主義の側面をもつものでもあったといえる。

2　ルソーの教育思想と子ども

(1) 学習の主体者としての子ども

教育の対象である子どもについて、新しい子ども観を打ち出したのがルソー（Rousseau, J. J., 1712-1778）である。18世紀頃の学校では、教師が書物を用いて子どもに価値体系や知識を詰め込んだり、強制的に訓練によってしつけを習得させたりする伝統的教育が行われていた。ここでは、子どもの自由は許されず、意思は無視され、すべてを大人の型にはめこむことが目指されていたのである。

こうした教育の在り方は、当時の子ども観に基づくものであった。ルソー以前の子ども観においては、「人間は生まれながらに罪を背負っており、そのために人間の欲求はすべて悪に向かうのである」というキリスト教の原罪説に由来する性悪説のもと、子どもの本性は悪であるとみなされていた。そして、子どもは

図2　ルソー, J. J.
押村襄他『ルソーとその時代』　玉川大学出版部、1987年

身体的に小さいだけであとは大人と変わらないと考えられ、すべて大人中心の社会の中での生活を強いられていたのである。それゆえ、学校は子どもの興味関心を無視し、主体性や自発性を排除した教師中心の詰め込み主義、形式的訓練主義の場となり、教師は「書物を片手に教権をふりまわす監視者」になっていたのである。

これに対し、ルソーは何よりも大人を基準にし、大人の都合のいいように子どもをとらえ、少しでも早く大人になることを求める社会を批判した。子どもとは決して不完全で未成熟な「小さい大人」ではなく、「子どもは獣であっても成人した人間であってもならない。子どもでなければならない」とし、「人間を人間として考え、子どもを子どもとして考えなければならない」（今井一雄訳、1962年）ことを強く訴えたのである。つまりルソーは、大人は大人として、子どもは子どもとして存在することを求め、大人とは異なる「子ども」という固有の存在を発見したのである。

このことは、伝統的教育における「大人中心」のあり方に対し、「子ども中心」という視点を打ち出すこととなった。ルソーは、「子どもには、子ども特有のものの見方、考え方、感じ方があるものだ。それにかえて、私たちおとなのものの見方、考え方、感じ方を押しつけるくらい、愚かしく無分別なことはない」（今井一雄訳、1962年）と、子どもには子ども特有の価値があり、そこに子どもの発達の可能性があることを強調する。したがって、教育は大人の価値観のもとで一方的に行われるものではなく、子どもの自由や個性、興味関心に応じて自主的、自発的に活動させることの中で子どもが学習していくものでなければならないのである。ここに、学習の主体者としての子どもの存在を重視する「子ども中心」の教育の礎がみられる。

(2) 発達段階に即した教育

子どもを学習の主体者とする教育において、ルソーが重視したのが子どもの発達段階である。上述のように、当時の学校における教育は発達段階を無視し、子どもを性急に大人にすることだけを目指した、いわば早期教育と言えるものであった。この状況は家庭教育においても同様であった。そこで、ルソーは教育において何よりも重要なこととして、それぞれの発達段階において子どもからあらわれる発達的要求に応じて、心身の発達に即したその段階にふさわしい教育を行っていくことを訴えたのである。

「人生それぞれの時期、それぞれの状態にはそれ相応の完成というものがあり、それ固有の成熟というものがある」（今井一雄訳、1962年）のであり、子ども時代にはその時期にしか獲得できない発達の諸要素がある。大人になることを急がせるあまり、子どもが子ども時代を子どもとして充分に過ごすことができないまま大人になってしまった場合には、どんなに知識や行動を身につけていたとしても見かけだけ大人であって、人間的な成長・発達を遂げた存在としての大人ではない。子ども時代を子どもらしく、子どもとして充実した生活を送った子どもにおいて、その後の人間的な成長・発達の可能性が保障されるのである。

このように、早期教育を否定するルソーの教育のあり方は「消極教育」と呼ばれる。これは、子どもの発達的要求を無視し、一方的で強制的に詰め込むという「積極」的なものではなく、発達段階ごとの自然な発達を保護し、子どもからあらわれてくる自然な発達的要求に応じ、それに従って行うものである。この意味において「消極」的な教育なのである。ただし、教師や親は何もせず、子どもから発達的要求があらわれてくるのをただ待っていればよいというものではない。大切なことは、子どもの自然な発達を保障するための環境を整え、「子どもに物を教えるのではなく、知りたいという欲求を起こさせることであり、真理を教えることではなく、真理を発見する方法を学ばせる」（荘司雅子編、1977年）ようにすることなのである。

こうした教育を可能にするためにルソーが教育者に求めるのが、教育の対象となる子どもをよく観察し、子どもが今どのような発達の状態にあるのかを把握することである。この点は、教育者が子どもの実態把握のために子どもを観察し、子どもについて研究することの重要性を訴えるものであり、現在においても重要な教師の資質の一つといえよう。

3　ペスタロッチーの教育思想と学校における教育実践

(1) 近代教育における学校教育の目的

ペスタロッチー (Pestalozzi, J. H., 1746〜1827) は「近代教育学の祖」と称され、自らの実践をとおしてその教授法を体系化した。そこにはルソーの影響が強くみられ、ルソーにおける「子ども中心」の教育を学校において実践的に展開していったといえる。

ペスタロッチーによれば、子どもは「人間性のすべての能力を賦与されているものであるが、しかしその能力はいずれも発達しておらないので、いわばまだ開いていない芽のようなもの」(長田新、1960年) である。そこで、子ども自身がもつそうした内発的な諸能力を開いていき、自ら判断し行動する自立的人間を育成することが教育の目指すところなのである。

図3　ペスタロッチー, J. H.
日本ペスタロッチー・フレーベル学会編『ペスタロッチー・フレーベル事典』 玉川大学出版部、2006年

それゆえ、学校とは詰め込み主義的、注入主義的な教育のもとで行われるような「教える」ことに目的を置くものではなく、子どものもつ諸能力を呼び起こし、「発達させる」ことを第一の目的にするものでなければならない。そして、教師とは体罰を課し、権威のもとに子どもを縛りつけ、多くの知識を一方的に子どもに語り教えるのではなく、子どもとともに語りあうことで子どもの考える力や感じる力を引き出

し、促進するものでなければならないのである。ペスタロッチーにとっては、学校において教科書を機械的に反復したり暗唱したりする教授方法や、子どもの生活から乖離した、全く知らない知識を取り扱う教育内容は本来の学校のあり方ではなかったのである。

(2) ペスタロッチーの教育実践

そこで。ペスタロッチーは「メトーデ（Methode）」と呼ばれる教授法を開発し、自らの学校で実践していった。何よりも重視したのは、教育においては子どもの自然の発達に即し（「合自然の原理」)、教授と子どもの生活とが結合した、いわば生活に即していること（「生活が陶冶する」）であった。「生活が陶冶する」とは、まさに教育が生活から出発し、生活の中で学ぶものとして位置づけられることを意味しており、これらの原則が学校における教育実践の基本とされたのである。

こうした教育実践を通して、学校教育においてペスタロッチーが求めたものは、「頭と心と手」の全面的で調和的な発達であった。「頭と心と手」とは、子どもの発達上の能力であり、頭は知的能力、心は感情的能力、手は技術的能力を意味する。これら３つの能力に対応する知的基礎陶冶、道徳的基礎陶冶、技術的基礎陶冶によって、「子どもにすべての能力の使用を習慣づけて人間としての本性の統一を促進させ」（村井実、1986年)、全面的に発達した人間にまで教育することを目指したのである。

このことは、学校の主要な機能である陶冶と訓育に関して、人間の知・情・意が切り離せない関係にあるという見解に基づく新しい視点を示す。つまり、教授（教科指導）―陶冶的機能、教科外指導（生活指導）―訓育的機能という構造ではなく、教授（教科指導）において陶冶とともに訓育的機能を果たし、教科外指導（生活指導）において訓育とともに陶冶的機能を果たすものとして、学校教育活動をとらえようとするものなのである。

そこで、教授の基礎とされたのが「直観」であった。ペスタロッチーは、子どもの意欲と興味を喚起する方法として「直観」に着目したのである。教育は言葉でなく、日常生活の学習者自身の経験と観察に基づく事物によって行われるべきであるとし、「直観」に基づく教授法を考案した。それが「直観」の3要素である「数・計・語」に着目した「直観のABC」であり、教育の最初の段階ではこれら3つの基礎から始めなければならないとされた。これは、基礎能力の教授の重要性を唱えるものといえる。

ペスタロッチーの教育思想ならびに実践は、その後ヨーロッパの各地に広がる。わが国でも明治10年代に大きく紹介され、近代における新たな学校教育をもたらす契機となった。ただし、ペスタロッチーの実践は、孤児や農村の貧しい家庭の子どもたちと学園において共同生活を送り、授業では教師の周りに子どもたちが集まって問答法による直観教授として行われていた。これは現在で言うところの一斉教授の形態にあたり、受容される過程でこうした教授法の一面のみが次第に形骸化していったのである。

4　ヘルバルトの教育思想と近代学校制度

(1)「教育的教授」としての教育

ペスタロッチーが「近代教育学の祖」と称されるのに対し、ヘルバルト(Herbart, J. F., 1776～1841)は「近代教育学の創始者」と称され、近代学校制度の興隆期に影響を及ぼしていく。

ヘルバルトは学校における教育を教授・訓練・管理の3要素からなるものと考え、教材を媒介として人間の思想界を陶冶する教授と、生徒の直接心情に作用することによって、生徒の意志に影響を与える訓練とを本来の教育と考えた。知識や技能を伝達するだけの教授は、教授でも教育でもない。「教授のない教育などというものの存在を認めないしまた逆に、(中略)教育しないいかなる教授も認めない」(三枝孝弘、1981年)。ヘルバルトにとって教授のない教育はありえず、教育的でない教授もまたありえないのである。

そこで、「教育的教授」という表現で、単なる知識の伝達で終わる行為としての教授・教育と、自らの目指すところの教授・教育とを区別した。ヘルバルトは、教授の直接の目的を「興味の多面性」、訓練の目的を「強固な道徳的品性」とし、学校においては、教授と訓練が相互連関あるものでなければならなかった。すなわち、教授とは多方面へと広がっていく子どもの興味（「多面的興味」）を、調和的に育成するための教師の教育的活動であり、そうした教授によって、「多面的均等の興味を引き起こし、そのことを通してつよい道徳的品性を育てること」（三枝孝弘、1981年）が教育の主目的と考えたのである。

図４　ヘルバルト, J. F.
ヘルバルト著、三枝孝弘訳『一般教育学』 明治図書、1981年

いわば、知識や技能の教授は「強固な道徳的品性」の育成のための起点であって、学校において教師は単に教科を教えるのではなく、教科を教えることで人格を陶冶していくことが重要なのである。したがって、教科の指導において問題が解けることを結果として求めるのではなく、問題を解く中で、例えば意欲的に追及していく姿勢や忍耐力などが培われ、そうした人格をもつ子どもが育っていくことこそが教育なのである。

(2)　ヘルバルトにおける教授（授業）計画の必要性

教授（授業）において、ヘルバルトは常に子どもの発達に即した教材の用意と、その教授の段階への配慮の必要性を述べている。つまり、教授（授業）は目的の設定から教材、手段・方法の検討、実践までを計画的な配慮に基づいて構成されなければならないのである。この点は、教授（授業）計画のあり方を理論づけたものといえる。

子どもの多面的興味を計画的に、適切に提供するのが教授（授業）であるならば、「一つ一つの対象」すなわち、教材を「教育的教授」の視点から研究、検討する必要がある。「教材の選択、決定に際して、その教材が知識内容として子どもに何を提供し得るかということ、また感情、意欲という面とどのようにそれが連動するものであるか」、そしてさらに、「どのような方法手段を通してそれらの個々の教材内容が全体としての青少年の『よりすぐれた生活者』としての在り方にまで結合され、連続されていくのか、そしてまたそれらがどのようにしてその後の青少年の行動の支柱、芯とまでなり得るのかということ」（三枝孝弘、1981年）を検討しなければならないのである。

この興味の多面性の成立条件、いわば教授の段階となるのが「明瞭・連合・系統・方法」の段階教授法である。興味とは、欲望や判断などのように対象に対する関心であるが、興味の場合、それがもっぱら対象そのものの内部に執着する知的活動といえる。子どもはまず、その個々の対象を明瞭に見る（明瞭）。そして、見たものを比較、吟味、結合する（連合）。これによって学習主体の認識は前進するのであり、連合はそのプロセスといえる。続いて個々の対象に関してすべての個を関係の分節として、その正しい場所において見る（系統）。最後に、系統を発展し、その新しい分節を生産し、その徹底的な応用を喚起する（方法）。この過程は、子どもの多面的な興味を個々の表象（イメージ）から認識へともたらし、さらには実践的応用へと導くものである。これによって子どもは、将来いかなる事態においても、自己の目的設定に際して有効に作用し得る活動性を発展させることができるのである。

「講義の聞き手である生徒を、ただ受身にさせておき、自由に活動させることを禁止してしまうような行為というものは、すべてそれだけで、実に不快な圧迫的なものである。だから、講義を続けていくには、いつも生徒の側に、次はどうなるだろうか、それからどうなるだろうかというような、強い期待をひきおこすことによって、心情をいきいきと活動的にさせておかなければならない」（三枝孝弘、1981年）。ここには、教授技術が何のために、何を目指して展開されるべきか、という点についての核心をつくヘルバルトの考えがみられる。つまり、ヘルバルトの教育学は「教育内容の学年段階にふさわしい編成の原理といっせいに行われる教授にふさわしい方法的手順」、ならびに「時間帯の教室内の授業の展開過程を構成する教材の連続的な展開」（岩﨑次男・志村鏡一郎・池田貞雄、1987年）を提示するものといえるのである。

こうしたヘルバルトの教育学は、ツィラーやラインらを代表とするヘルバルト派として発展し、全世界に普及していく。わが国でも明治20年代に紹介されると、「ヘルバルト運動」と称される大きな流れを生み、今日の学習指導案作成や生活指導、生徒指導の考え方に多大な影響を及ぼすこととなった。

5　デューイの教育思想と学校論

(1)「子ども中心主義」教育

近代における教育制度は、コメニウスにはじまってペスタロッチー、ヘルバルトと、19世紀中期以降から末期までに国民教育制度として整備が進められていった。しかし、産業革命による資本主義経済の発展や民主主義国家の進行などの社会的背景のもとでは、望ましい国民を育成するため、教師中心、教科書中心の知識詰め込み主義、訓練主義の教育が行われ続けていたのである。

こうした状況は、デューイ（John Dewey, 1859～1952）のいるアメリカにおいても同様であった。教師中心、教科書中心の教育は、子どもの態度を受動的にし、画一的で機械的な教育方法によって子どもたちを集団化するものであった。そこにはルソーによって発見された「子ども」は存在せず、その価値も見失われ、学校では大人になるための将来の準備としての教育が行われ

図5　デューイ, J.

デューイ著、帆足理一郎訳『民主主義と教育』玉川大学出版部、1965年

るにすぎないものとなっていたのである。こうした教育に対して、20世紀初頭から新しい教育の運動が始まる。アメリカでは、それがデューイを代表とする「進歩主義教育運動」として展開していくのである。

新教育運動では子どもを教育の中心に置き、「子ども中心主義」を唱える。デューイもまた、「子ども中心主義」の立場から、コペルニクスが天体の中心を地球から太陽に移したのと同様の変革として、教育において「コペルニクス的転回」が必要であると訴えた。すなわち、「コペルニクス的転回」とは子どもが太陽となり、その周囲を教育の諸々の営みが回転するというものである。教育では子どもが中心であり、そのまわりに諸々の営みが組織されること、つまり、教育においては子どもに合わせて教育活動が組織される必要性を主張したのである。

「子ども中心主義」の教育では、子どもの内部にあるものの成長を教師が援助することが目指される。したがって、そこでは子どもの個性を伸ばし育てていくこと、子どもの意欲や自発性を尊重し、今ある生活そのものを教育方法ならびに内容において重視することになるのである。

(2) デューイの学校論

デューイにおいて教育とは、「社会の進歩と改革の基本的な方法」である。教育によって人格形成された子ども成長し、いずれ社会の一員となって社会を形成していく。つまり、子どもがどのような教育を受け、どのような人格が形成されるかが後の社会の成員の質を左右することとなり、子どもたちの人格形成によって社会はどのようにも変革されうるのである。いわば、「社会は、子どもの行動を指導することにおいて、子どもの未来を決定すると同時に、それ自身の未来をも決定する」（杉浦宏訳、1967年）のである。

そのため、学校は子どもにとって、社会生活の一様式である共同社会的な生活形態に基づいていなければならない。デューイは、子どもが学校に行く理由を、「子どもは、他の子どもたちと共に学ばなければならない」（杉浦宏訳、1967年）と述べる。子どもの社会的行動は、他の子どもの行動が基準となって形成されていくのであって、生活の中で子どもが相互に働きかけあう環境と、知性の形成の場が必要となる。それが、学校なのである。

このように、社会生活をとおしての人間関係を重視するデューイにおいては、学校は一つの社会的制度でなければならず、学校は社会の変化に対応しながら、常に子どもに基本的典型的な社会学習の場と機会を提供するものでなければならないのである。ここに、デューイにみられる学校と社会との密接な関連がある。

(3) 経験による学習

デューイの教育学は「経験主義（プラグマティズム）」に基づくものであり、学校の教育活動では、子どもの経験を中心に学習が展開される。デューイにおける経験とは、主体と環境との相互作用において絶えず改造がもたらされるものであり、「経験の意味を増加させ、その後の経験の進路を方向づける能力を高めるように経験を改造ないし再組織すること」（松野安男訳、1975年）、つまり「経験の改造」が教育の目的であり、過程でもある。こうした経験による学習に基づいた教育によって、常に変動する社会に適応する能力を育てることができるのである。ここでいう適応能力とは、いわゆる環境に「適応」するということよりも、子ども自身が自分はどう行動していくのかという問題解決能力といえる。

そして、経験による学習が有効で、効果的な教育になるためには、何よりも子どもが興味を持つ学習対象でなければならない。したがって、教師が子どもに提示する教材は、子どもの興味を引き起こすことのできるものである必要がある。それによって、子どもの自発的活動が促進され、「子ども中心主義」教育において重視される子どもの自由で自発的な学習がもたらされるのである。

デューイの教育学は、新教育運動が全世界に広がる中、多くの人々に受け入れられていった。「問題解決学習」は、経験を中心に展開される教育活動のあり方として、今日でも主要な教育方法として位置づけられる。また、わが国の「生活科」や「総合的な学習の時間」などの科目の源流はデューイにあるのである。

引用・参考文献

コメニウス著、鈴木秀勇訳『大教授学1．2』明治図書、1962年。
梅根悟著 Comenius Great Educators 牧書店、1963年。
長田新編『ペスタロッチー全集　第13巻』平凡社、1977年。
村井実『ペスタロッチーとその時代』玉川大学出版部、1986年。
ルソー著、今井一雄訳『エミール（上)』岩波文庫、1962年。
押村襄、中村三郎、押村高、林幹夫『ルソーとその時代』玉川大学出版部、1987年。
荘司雅子編『幼児教育の源流』明治図書、1971年。
三枝孝弘『「一般教育学」入門』明治図書、1982年。
ヘルバルト著、三枝孝弘訳『一般教育学』明治図書、1981年。
岩﨑次男・志村鏡一郎・池田貞雄『西洋教育思想史』明治図書、1987年。
デューイ著、帆足理一郎訳『民主主義と教育』玉川大学出版部、1965年。
デューイ著、杉浦宏訳『児童とカリキュラム』関書院新社、1967年。
デューイ著、杉浦宏、石田理共訳『今日の教育』明治図書、1974年。
デューイ著、松野安男訳『民主主義と教育（上)』岩波文庫、1975年。
J. デューイ／E. デューイ著、杉浦宏、田浦武雄、三浦典郎訳『明日の学校教育』明治図書、1978年。

田浦武雄著『デューイとその時代』玉川大学出版部、1984年。
松島鈞、白石晃一編集『現代に生きる教育思想７』ぎょうせい、1982年。
日本ペスタロッチー・フレーベル学会編『ペスタロッチー・フレーベル事典』
　玉川大学出版部、2006年。

第８章　教科外教育と教師の役割

大学生になった今、小・中・高校の学校生活を通して１番思い出に残る場面や活動、出来事は？ と問われて何を浮かべるだろう。みなさんの多くが、運動会（体育祭）、文化祭、修学旅行、生徒会活動を思い浮かべるのではないだろうか。逆に、新型コロナウイルス感染の影響を受けて楽しみにしていたそれらの活動が制限、中止になったことを残念に思っている人も多いだろう。児童生徒自ら動き、時間をかけ五感や全身を使い、仲間同士で汗を流す活動、創意工夫をしながらみんなでやり遂げる活動、学業成績とは直接関わらないそれらの活動が、学校生活において重要な意味があることはみなさん自身が実感していることではないだろうか。本章では、学校教育における教科以外の教育、特別活動の意義について考察していく。

１　教科外教育の変遷

学校教育における時間割の大半は各教科で占められているが、学校生活はこうした教科教育だけではなく、教科外での教育もまたその重要な要素である。近代日本の学校における教科外活動の変遷をたどってみよう。

(1) 戦前まで

日本において学校教育が始まったのは今から約150年前の1872年である（「学制」頒布）。そのとき、日本の教育は二つの課題を背負っていた。一つは、ペリーの黒船来港に代表される欧米の科学技術と日本の国力との圧倒的な格差を埋めるべく、欧米先進国の知識や文化を積極的に取り入れ社会生活の様々な分野で活躍するのに必要な知識や能力の基礎を伝達すること、もう一つは、国家を支える国民としての自覚と使命感を育てることであった。幕末を生きる人々には「藩」という意識はあっても「日本」という国家意識や「日本人」であるという国民としての自覚は存在しておらず、明らかに国力が劣っている日本が欧米先進国の圧力・脅威と対峙し、発展していくためには、それまでの藩を超えた国家意識の形成と日本という国家に所属する国民としての自覚が不可欠であった。近代化を推進する異文化受容は主に教科教育で、そしてこの国家統合に必要なナショナルな意識を持った国民の育成という課題は、教科外教育という形でその克服が目指された。その具体的方策を実行したのが初代文部大臣森有礼である。愛国心の培養なくして独立の維持と国家の発展はあり得ないとする森は、天皇を愛国心培養の「無二ノ資本至大ノ法源」と位置づける、つまり天皇というシンボルを介しての国家意識の形成を図ろうとしたのである。具体的には、天皇、皇后の肖像写真である御真影の下賜を進め、国家の祝日である神武天皇即位日（紀元節）、天皇誕生日（天長節）、元日にその拝礼式を実施するよう奨励し、「紀元節歌」や「天長節歌」をつくり、拝礼の際にはこれらを演奏することを進めた。さらに、1890年に「教育勅語」が発布されたことを機に翌1891年に「小学校祝日大祭日儀式規程」を公布し、祝祭日の儀式における御真影の拝礼、天皇・皇后への万歳奉祝、勅語奉読を行うことが定められた。儀式による国民統合であり、これが学校行事の始まりである。ちなみに、「日の丸」はすでに1880年代後半より校門などに掲げられるようになっていたとされ「君が代」は1893年に文部省によって公式に祝祭日に歌うべき唱歌と定められた。

こうして儀式が学校教育に組み込まれていった20世紀前半、同様に入学式、卒業式といった儀式や運動会、修学旅行などの体育的行事、学芸会、学校劇、音楽会などの文化的行事などのも幅広く行われるようになった。しかし、国家・国民統合を目的としたそれら儀式や行事は、正式な教育課程として位置づけられることはなかった。

(2) 戦後

日本固有ともいうべき明治以降の教育課題と密接な関係をもって展開してきた教科外教育は、戦後制定された日本国憲法および教育基本法に基づく民主主義教育の理念によってその教育的意義がとらえ直され、教育課程の中に正しく位置づけて、指導の方法原理を明らかにすることが目指された。

戦前の教授要目にかわる学習指導要領は初めて刊行された1947年以降、ほぼ10年に1回の間隔で大きな改訂が実施されてきた。その課程を教科外活動の教育課程における位置づけに注目してみておこう。

最初の学習指導要領では、現在「教育課程」と称する、いわゆるカリキュラムが「教科課程」と表記され、そこに「自由研究」という教科が置かれた。国語や算数といった他の教科とは異なり、児童生徒の自主的な活動が期待された分野だったことからこの自由研究が特別活動の前身とされているが、この時点では学級活動や生徒会活動は明記されていなかった。1951年の学習指導要領の改訂によって、「教科課程」が「教育課程」に変わると同時に「自由研究」が廃止され、小学校では「教科」と「教科以外の活動」、中・高校では「特別教育活動」が教育課程を構成する一領域として新しく設けられた。ホームルーム活動、生徒会、生徒集会、クラブ活動といった表現が登場し、特別教育活動の中心となった。現在使われている「特別活動」という名称が登場するのは、次の1968年改訂の時である。それまで列記されていた「特別教育活動」と「学校行事等」とを統合して小中学校では「特別活動」、高校では「各教科以外の教育活動」と表記され、1977年改訂ではすべての学校段階での教科外の教育活動の名称が「特別活動」に統一された。以後、1998年には「総合的な学習の時間」が登場し、この改訂の際、中・高校では「クラブ活動」が削除された。2008年改訂では、特別活動全体の目標に「人間関係」という文言が加わり、特別活動は小中高一貫して「よりよい生活や人間関係を築こうとする自主的、実践的な態度を育てる教育活動である」ことが明確化された。

改訂年		教育課程		
1947年	その他の教科	自由研究（小学校では4年生以上）		
1951年	教科	教科以外の活動（小）特別教育活動（中・高）		
1958年	教科	道徳	特別教育活動	学校行事等
1968年	教科	道徳	特別活動（小・中）／各教科以外の教育活動	
1977年	教科	道徳	（高）	
1989年	教科	道徳	特別活動	
1998年	教科	道徳	特別活動	
2008年		道徳	総合的な学習の時間	特別活動
2018年			外国語活動（小）総合的な学習の時間	特別活動

日本の学校における教育課程の大まかな構造である領域は、国が定める教育課程の基準＝学校教育法施行規則に基づき「各教科」、「道徳」（小・中のみ）、「総合的な学習の時間」、「特別活動」「外国語活動」（小のみ）とされ、特別活動は、他の領域と並んで日本の小学校、中学校、高等学校の教育課程において正規の領域として位置づけられている。

2　新学習指導要領（2017、2018年改訂）に示された特別活動

このような歴史を背負った特別活動の現在の動向を整理しておこう。新学習指導要領において注目すべき特別活動に関するポイントは二つある。具体的にみておきたい。

(1) 特別活動で育成すべき資質・能力

新学習指導要領では特別活動の目標や内容構成に大きな変化はないものの、具体的に「何を育み」「何ができるようになる」のか、特別活動で育成すべき資質・能力が明確に示された。すなわち、特別活動全体の目標を小中高共通で「集団や社会の形成者としての見方・考え方を働かせ、様々な集団活動

に自主的、実践的に取り組み、互いのよさや可能性を発揮しながら集団や自己の生活上の課題を解決することを通して、次のとおり資質・能力を育成することを目指す」として、次の３つが示されている。①、②は全校種同じであるが、③はそれぞれ異なっていることに注意しておこう。

①多様な他者と協働する様々な集団活動の意義や活動を行う上で必要となることについて理解し、行動の仕方を身に付けるようにする。

②集団や自己の生活，人間関係の課題を見いだし，解決するために話し合い、合意形成を図ったり，意思決定したりすることができるようにする。

③【小学校】

自主的，実践的な集団活動を通して身に付けたことを生かして、集団や社会における生活及び人間関係をよりよく形成するとともに、自己の生き方についての考えを深め、自己実現を図ろうとする態度を養う

【中学校】

自主的，実践的な集団活動を通して身に付けたことを生かして、集団や社会における生活及び人間関係をよりよく形成するとともに、人間としての生き方についての考えを深め、自己実現を図ろうとする態度を養う。

【高等学校】

自主的，実践的な集団活動を通して身に付けたことを生かして，主体的に集団や社会に参画し、生活及び人間関係をよりよく形成するとともに、人間としての在り方生き方についての自覚を深め、自己実現を図ろうとする態度を養う

　これまでの特別活動の目標で「望ましい集団活動」とされた部分が「様々な集団活動」へ変更になった。これは予め「望ましい集団」なるものがあるかのような誤解を招いてきたことへの反省であり、あくまで「互いのよさや可能性を発揮しながら集団や自己の生活上の課題を解決する」という学習過程を経て「多様な他者と協力する集団活動」、「自主的、実践的な集団活動」

を行うことの重要性が示された。その学習過程においてなすべきこととして「合意形成や意思決定」が明確に示されていることも大きな特徴である。。

この目標は「人間関係形成」「社会参画」「自己実現」という三つの視点を手がかりとして整理されている（小中高各「学習指導要領解説特別活動編」参照）。これら３つの視点は、特別活動において育成を目指す資質・能力における重要な要素であると同時に、「なすことによって学ぶ」という特別活動の方法原理にかかわって、それらを育成する学習過程においても重要な意味をもつといえる。

⑵ キャリア教育の要としての特別活動

新学習指導要領の総則において「特別活動を要としつつ各教科等の特質に応じて、キャリア教育の充実を図ること」が示された。特別活動がキャリア教育の要なるポイントは次の通りである。一つは、キャリア教育が育成を目指す基礎的・汎用的能力（「人間関係形成・社会形成能力」と「課題対応能力」）と特別活動が目指す資質・能力（「人間関係形成」「社会参画」）の重なりが大きいことである。二つ目は、キャリア教育が実生活で生きて働く育成を求めており、「なすことによって学ぶ」を指導原理とした特別活動での体験がとても有効だということ、三つ目は、これまで進路指導の記述がなかった小学校において、特別活動の構成要素である学級活動の内容として新たに「（３）一人一人のキャリア形成と自己実現」が加えられたことである。小学校と中学校の双方でキャリア教育という用語が用いられ、小中高の系統性が明確にされたことは注目に値する。学校教育でキャリア教育を実践するのは、単に進学や就職といった「進路」だけではなく、自分の大切にしている価値に気づき、それをもとにしながら生き方を考えることでもある。小中高の繋がりを考慮しながら、これからの学びや自己の生き方を見通し、これまでの活動を振り返るなど、教育活動全体の取り組みを自己の将来や社会につなげていくための要として特別活動の中に位置づけられたのである。

3　特別活動の構成

次に特別活動の構造を整理しておこう。特別活動は「学級活動」(「ホームルーム活動」)、「児童会（生徒会）活動」、「学校行事」の３つの内容があり、さらに小学校においてはそれに「クラブ活動」を加えた４つの内容で構成されている。以下、概要をおさえよう。

（1）学級活動（ホームルーム活動）

「学級活動」とは、児童・生徒の学習集団が基本的に恒常的な学級に編成されていることからこのように呼称されており、歴史的には戦前の小学校の「学級会」に源をもつ表現である。一方、「ホームルーム活動」とは、20世紀初頭のアメリカ中等学校の普及期に起こったガイダンス運動の中で、その拠点として構想された「ホームルーム」に由来している。小学校・中学校においては「学級活動」、学年制と単位制を併用する高等学校においては「ホームルーム活動」と呼んでいる。

この学級（ホームルーム）活動の目標は、「学級や学校での生活をよりよくするための課題を見いだし、解決するために話し合い、合意形成し、役割を分担して協力して実践したり、学級での話合いを生かして自己の課題の解決及び将来の生き方を描くために意思決定して実践したりすることに、自主的、実践的に取り組む」ことである。「学級活動（ホームルーム活動）」の基本的なねらいは学級、学校生活に対する児童生徒のよりよい適応から始まり、さらに現在および将来の生活において自己をよりよく活かす能力を育成することにある。

具体的には、当番や係活動といった共同生活としての学級生活や学校生活をより楽しく、有意義に送ることができるための活動と、学習や友人関係の不適応による悩みの緩和・解決や登下校時の安全、食育の観点を踏まえた学校給食、望ましい食習慣の育成などといった適応及び健康安全に関する活動がある。中学校と高校では、思春期にある生徒たちの発達上の特性を考慮して、自己及び他者の個性の理解と尊重、性的な発達への対応という課題の他、ボランティア活動の意義と参加について、さらには、主体的な進路の選択と将来設計といった課題が重視される。児童生徒にとって学級は、教科担任制の中学校・高校であっても、その一年の学校生活の充実度を規定する重要な要素である。個々の児童生徒についての理解を深め、児童生徒との信頼関係を基礎に指導を行うとともに、生徒指導との関連をはからなければならない。

また、前述したように新学習指導要領では、学級活動がキャリア教育の要として位置づけられた。小中高の繋がりを意識し、「キャリアパスポート」等を用いて、各教科等の学びと特別活動で学んだこと、体験したことを振り返り、考えたことを適宜蓄積し、それらを学級活動においてまとめたり、つなぎ合わせたりする活動を行うことで自己のキャリア形成につなげることが期待される。

(2) 児童（生徒）会活動

児童（生徒）会活動の目標は「異年齢の児童（生徒）同士で協力し、学校生活の充実と向上を図るための諸問題の解決に向けて、計画を立て役割を分担し、協力して運営することに自主的、実践的に取り組むこと」である。学級活動やホームルーム活動が児童生徒の望ましい学級をつくる拠点的な活動であるとすれば、児童・生徒会活動は、学級や学年を超えて学校生活全体を視野に置き、その改善・向上を目指すものといよう。それは、例えば、小学校においては主として高学年の児童が行うこととされているように、より広い視野を持つという発達的により高度な能力資質を求める活動だと言える。その具体的な活動内容は、会の計画や運営、異年齢集団による交流、学校行事への協力があり、特に中学校においては生徒の諸活動についての連絡調整、ボランティア活動などの社会参加がある。実施に際しては、それぞれの内容について相互の関連を工夫し、よりよい生活を築くために集団としての意見をまとめるなどの話し合い活動や、自分たちで決まりをつくって守る活動、人間関係を形成する力を養う活動などを充実する工夫が求められる。

(3) 学校行事

学校行事は「全校又は学年の児童で協力し、よりよい学校生活を築くための体験的な活動を通して、集団への所属感や連帯感を深め、公共の精神を養いながら、第1の目標に掲げる資質・能力を育成することを目指」して行われ、その内容は、①儀式的行事、②文化的行事、③健康安全・体育的行事、④「旅行（遠足）・集団宿泊的行事、⑤勤労生産・奉仕的行事の5つに分類される。

前述したように日本の学校の歴史を紐解いたとき、特別活動に含まれる内容の中でこの学校行事の始まりが最も古い。遠足や運動会、学芸会などの行事も早い時期からリクリエーション的性格を持ち、学校内や学校と家庭、地域社会とを情緒的に結びつける役割を持って発展してきた。これら学校行事には、児童生徒の総合的で体験的な活動、全校や学年全体の集団的活動、学校生活が単調とならないための節目や変化をもたらす活動、児童生徒の参加協力と自主的な活動という特徴がある。

その実施に当たっては、幼児、高齢者、障害のある人々などとの触れあい、自然体験や社会体験などの体験的活動を充実するとともに、体験活動を通して気付いたことなどをふり返り、まとめたり、発表し合ったりするなどの活動を充実させる工夫が求められる。

(4) クラブ活動と部活動

クラブ活動と部活動は教科外活動の重要な一翼を担うものである。1969年の学習指導要領改訂により、全員がそれぞれ何らかのクラブに所属する「クラブ活動」が必修化され、それ以後、従来行われてきた任意参加の課外活動を「部活動」と呼んで区別するようになった。その後1998年の改訂により、中学校と高校で「クラブ活動」廃止され、小学校においてのみ実施されている。

小学校におけるクラブ活動の目標は、「異年齢の児童同士で協力し、共通の興味・関心を追求する集団活動の計画を立てて運営することに自主的、実践的に取り組むことを通して、個性の伸長を図」ることにあり、学年や学級の所属を離れ、主として第４学年以上の同好の児童をもって組織するクラブにおいて行われている。

一方、自主的、自発的な参加により行われる部活動については、従来、学習指導要領に明確な規定は存在しなかったが、「学校教育の一環として、教育課程との関連が図られるよう留意すること」とその位置づけが明確化された（2008年改訂）。とはいえ、あくまで部活動は教育課程外に位置付いているため、当然、その内容は学習指導要領に示されていない。よって、部活動の種類も多種多様であり、学校や地域によって様々である。みなさんたちの中にも部活動によって人間形成がなされたと感じている人も多いだろう。その教育効果が期待される一方で、体罰・ハラスメントおよび顧問教員の労働時間の問題などが指摘されている。文部科学省は教員の負担軽減を狙いとして、地域ボランティアの外部コーチや自治体の嘱託職員による部活動指導員の導入を打ち出し、具体策を進めている。ただし、教員だけでなく、生徒、保護者の考え方は多種多様であることから、移行期に混乱が生じることは避けられないと考えられる。

4　特別活動における教師の役割

最後に、これら特別活動を実施する教師として心掛けおかなければならないいくつかをまとめておきたい。

特別活動は、座学ではなく児童生徒の自主的、主体的な活動を基本とする活動であるため、ややもとすれば単なる「遊びの時間」「息抜き」といった間違ったメッセージを伝えがちである。だからこそ、教科教育を行うとき以上に「人間関係形成」「社会参画」「自己実現」という３つの視点をてがかりとし、各種活動を通して「何を学ぶのか」「どのように学ぶのか」「何ができるようになるのか」について、教師側が明確な視点を持つことが重要である。新学習指導要領で明示された具体的な到達目標、育むべきことや指導すべき事項を踏まえ、各種活動において「何を育むことができるか」を具体的に考究し、いずれの活動においても児童生徒の「自発的、自治的な」活動を促すために教師が計画的に活動内容を十分に構想して指導に望む必要がある。

一方で、教師がどれほど計画を立てても予測し得ない事象が生じることも多い。特に学校行事などはやり直しがきかないものがほとんどであることを考えれば、特別活動の内容については一つの活動にあらゆる角度からのシミュレーションをする能力が求められる。

新学習指導要領では児童生徒の「自主性」「主体性」を高めていくことが期待されているが、教師の指導や支援が抑制されるものではない。たとえ学級活動や生徒会活動の議論に基づく自発的、自治的活動であったとしても、法令等に抵触するものは認められず、教師の介入的指導が必要となる。全体としてできるだけ児童生徒自身による計画に基づく活動をいかし、児童生徒が自ら進んで活動を行うよう、適切な指導、助言が求められる。大切なことはそれらの指導、助言が児童生徒の活動を規制し拘束するものであってはならないということである。あくまで児童生徒の自発的、自治的な活動を望ましい目的・方向へ導くことであり、決して教師が児童生徒を従わせるような指導ではない。児童生徒を信じ、時にじっと待つ、そんな姿勢が求められるだろう。

特別活動に限ったことではないが、特に校内外を問わず多様な活動が展開される特別活動においては、活動の時期、内容、場所や参加する児童生徒の実態などを十分考慮した危機管理が絶対に必要である。教職員全体で危機要因に対する危機意識を持ち、事故防止のための万全な計画の立案や実地調査などを行うなどの予防はもちろん、緊急時の連絡体制の整備など万が一事故が発生したときの対応を迅速かつ適切にすることが必須である。

特別活動は、学級を基礎単位として行う活動に加え、全校または学年を単位として行う活動が多々ある。教師集団によるチームプレーが不可欠であり、教師集団の「対話と協働」が強く求められることは忘れてはならない。

引用・参考文献

広岡義之『新しい特別活動―理論と実践』ミネルヴァ書房、2015年。
山口満・安井一郎『改訂新版　特別活動と人間形成』学文社、2010年。
文部科学省『小学校学習指導要領（平成29年告示）解説　特別活動編』東洋館出版社、2018年。
文部科学省『中学校学習指導要領（平成29年告示）解説　特別活動編』東山書房、2018年。
文部科学省『高等学校学習指導要領（平成29年告示）解説　特別活動編』東京書籍、2019年。
吉田武男監修　吉田武男／京免徹雄編著『特別活動』ミネルヴァ書房、2020年。
吉田洋、稲垣孝章著『特別活動で、日本の教育が変わる！』小学館2020年。

第9章　海を越える特別活動

日本の初等・中等学校における教育課程の特色は、教科指導だけでなく生徒指導にも力点が置かれていることである。特に教科以外の教育活動は、小学校では1980年代から、中学校では1960年代から、高等学校では1956（昭和31）年から教育課程に位置づけられ現在に至る。

本章では、学校観の違いによる教科外活動の捉え方を明らかにし、日本で行われている特別活動が海外で注目され導入が試みられている実態を考察していく。

1　学校観による教科外活動の捉え方

(1) 学問・勉強をする場所とする学校観

学校という存在をどのように捉えるか。つまり学校観は、時代、文化、宗教、地域などによって異なる。大別すれば、学校を「学問・勉強をする場所」と捉える考え方と、学校を「生活を通して学ぶ場所」と捉える考え方になろう。

学校を学問・勉強を行うところであるとする考え方は古典的な見方ではあるが、ここでは子供と労働の関係から述べてみよう。20世紀のフランス現代歴史学の潮流のひとつにアナール学派がある。この学派の特色は、戦争などの政治的事件を中心とする事件史や、高名な人物を軸とする人物史の歴史叙述が主流であった旧来の歴史学を批判し、それまで看過されていた民衆の生活文化などに注目した歴史学を志向したことにある。また民衆の生活に注目する社会史的視点を基とした研究に加えて、人類学・経済学・統計学・言語学などの専門分野間の交流が推進され研究成果を積極的に受容したため学際性の強さもアナール派の特徴と言える。

アナール学派のフィリップ・アリエスは近代以降の子供観の形成を研究し、その成果を1960年に『子供の誕生』として発表した。日常生活の底に流れる感情、生と死に関わる態度など、それまでの人々が目を向けようとしなかった領域に目を向けたのである。彼は子供の服装に着目し、中世では子供の服装デザインが大人と同じであったものが近代になると大人とは異なるデザインへと変化したことを指摘し、中世では子供も大人に伍した労働力と見なしたのに対して近代になると子供は労働から解放されて大人時代と区分され子供時代を表象する服装となったと考えた。労働から解放された子供は時間（暇）を手にしたが、その時間を学校で学問に勤しみ勉強することを要求されるようになる。

J. ルソーは近代教育学に大きな影響を与え、特に「子供時代」の発見者として消極教育を提唱したが、それは大人とは異なる労働から解放された子供に対しての新たな教育方法の提案であった。つまりこの系譜は、学校は「労働から解放された」子供が学校で学問・勉強するのであって、学校で労働を課すことは馴染まないし労働は子供の学問・勉強を阻害するという認識となる。

（2）生活を通して学ぶ場所と考える学校観

学校は生活を通して学ぶ場所であるとする立場は洋の東西を問わず存在する。特に近代教育学の父と評されるペスタロッチは「生活が陶冶する」と喝破し、それまでの学問中心の教育に対して新たな教育的視座を提示して教育学に大きな影響を残した。その後、この思想はプラグマティズムの思想家が発展・普及させた。

日本においては、寺院が学問・教育の淵源である。学校、特に初等・前期中等教育が知識習得を主とする学問・勉強のみならず、集団活動、座作進退にも留意して展開されるが、それは歴史的にみて寺院が持つ学問・教育の文化を継承していると考えられる。

日本の仏教の主たる流れは、法華信仰、密教、浄土教信仰、禅宗である。法華信仰は大乗仏典の法華経への信仰に発し大乗仏教以前の部派仏教（小乗仏教）の段階では修行を経た人間のみが悟りを開いて仏になることができると説いたのに対して、法華経では誰もが仏になれると説かれている点を強調する。法華信仰は天台宗や日蓮宗においてその中核をなすが真言宗にも取り入れられ禅宗などもある程度影響を受けている。密教はインドでの大乗仏教発展の最後の段階で生まれ、仏教信仰が土着のヒンドゥー教と習合して生まれ、神秘的な力を駆使することが特徴で様々な儀礼・修法が開拓された。密教の立場からは他の大乗仏教は未だ秘密の教えに到達していない顕教と捉えている。浄土教信仰は、来世信仰の一つで死後に西方極楽浄土に生まれ変わることを願うもので、浄土宗、浄土真宗、融通念仏宗、時宗、そして黄檗宗に引き継がれた。

これら法華信仰、密教、浄土教信仰は公家や武家をはじめ庶民にまで浸透したのに対して、禅宗は瞑想の実践、つまり座禅により精神的安定や生活規範として機能し他の三流とは異なり現世利益や浄土への往生といった実利的効果をもたらすものではなく平安末から鎌倉期に台頭した武士に好まれ、茶道、華道、武士道に影響を与え日本独自の文化形成に寄与した。これらの底流にあるのは「生活即修行」であるとする考えであろう。特に厳しい修行を要求した曹洞宗は食事を作る・食べる作法をはじめとして日常生活そのものが修行であると考えた。そして修行の要諦は「掃除」と「勤行（読経・回向）」、現代に即して言うと「環境整備」と「勉強」である。

江戸期においては江戸幕府直轄校の昌平黌、武士のための藩校、藩認可の郷校、私立の私塾や寺子屋といった教育機関が叢生したが、地域の教育を担っていた寺子屋の師匠は浪人を含む武士、僧侶、神主などの地域名望家層であった。寺子屋は読・書・算を教授したとされるが、実際は算術を教えることは限定的で「手跡」、すなわち習字や経書の素読という身体を動かして知識を受肉化することに力点が置かれた。

明治初年の小学校創設時に既存の寺子屋を小学校と見なすことが多かったことは、その後の小学校の性格形成に影響を及ぼしたと推察する。明治政府は1869（明治元）年２月に「府県施政順序」を発し「小学校ヲ設ル事」とした。そのため小学校は寺子屋や私塾などを利用して設置することを計画したのだが、類型として①寺子屋・私塾を基礎としない型、②寺子屋・私塾を基礎とする型、③半ば寺子屋・私塾を基礎とする型、が想定された。1870（明治２）年２月に「大学規則」・「中小学規則」を定めて小学は大学進学を前提とする予備教育機関、つまりエリート育成の学校にしようとしたが現実的ではなく庶民対象の学校とエリート養成の学校を併存させようとした計画は実現を見なかった。

1872（明治５）年に太政官から出された学制により日本の学校制度は小学・中学・大学の単線型学校体系を想定した。この学制は当時の先進諸国の制度をモデルにした机上のプランであり、旧来の諸学校を全廃して徐々に学制に準拠していく方針だったのだが、実際には寺子屋・私塾・藩校など旧教育機関の校舎や教員等を継承することが多く、小学校創設期の教員は寺子屋・私塾の教員を充てることが一般的であったから、近代以前の子供への指導は学問教授のみならず生活指導までも含むのだという考え方が近代に継承され学校文化となっていると考えられる。

2　輸出された日本型教育「トッカツ（特別活動）」

アラブ諸国では21世紀に入ってから教育部門における日本の取り組みを導入するようになった。アラブ首長国連邦のアブダビ首長国ではアブダビ首長国皇太子の要望により、2006年から日本人学校に現地の子供たちを受け入れており、約20名の現地の子供が約50名の日本人の子供とともに授業がなされた。小川正弘アブダビ日本人学校長はこのシステム導入をした当局が「(現地の）子供が日本のマナーを学び、高い学問的なパフォーマンスを達成できることに満足している」とし、日本人学校でありながら現地の子供に対して質の高い教育を提供していることが評価されたとした。また、サウジアラビアの小学校でも2009年に Middle East Satellite 上で日本の特別活動が取り上げられた後、教室の掃除や学校給食が導入され、高い道徳性や規律遵守などを身につけることが期待されるようになった。

アラブ首長国連邦やサウジアラビアにおけるこれらの取り組みは、アラブ地域における日本型学校教育導入の先例であり、エジプトでの日本型特別活動（トッカツ）導入の契機になったと推察される。

（1）エジプトの学校制度

エジプトの学校制度は日本同様、初等教育６年、前期中等教育３年、後期中等教育３年、高等教育４年の「６－３－３－４」制で、義務教育期間も日本と同様に初等学校（小学校１年：６歳）から前期中等学校（中学校：15歳）の９年間である。イスラム圏の国であるため、学校の類型としては世俗教育を行う学校とイスラムの宗教系学校（アズハル機構）が存在する。

学校での教授言語は多くの学校ではアラビア語だが、政府言語学校（Official Language School）では理数科目を英語で教えるほか英語特別授業も実施されている。世俗教育を行う前期中等学校は、「一般」・「職業」・「スポーツ」の３類型に分かれている。初等から後期中等学校まで１クラスあたりの児童生徒数が多く、この過密状態解消が教育課題の一つとなっている。

エジプトの学校教育の特色は、以下の２点である。

第１点、各学校段階の修了認定で実施される試験制度について。初等学校では卒業認定試験がありこの試験に合格することが前期中等学校への入学要件となっている。この試験に２年間合格できない者は、職業中学校へ進学するか、それ以上の教育を受けないかの選択を迫られる。中等教育段階においても進級試験・卒業試験が実施されているので、試験で良い結果を残すため如何に効率よく学習するかといった試験のための勉強、つまり知識習得型学習が強く支持されている。

エジプトの大学への入学選抜であるが、大学ごとに課される入学試験は基本的にないけれども、後期中等学校２・３年の学年末にエジプト教育省が管理する国家試験を受験し、この２回の試験の平均点が大学入学者選抜の評価対象となる。このように学校教育においては学力重視の傾向が強い。

第２点、教員の質について。学校教員はその給料の低さから学校での授業を早く切り上げ、個人で非公式の家庭教師や塾を経営するなど副業の常態化が問題となっている。教員の副業をエジプト教育省は禁止しているけれども、学力向上を熱望する生徒やその保護者の切実な要望と、より高い収入を得たいと考える教員側の要望が併存しているため、このような関係をなくすことは現段階においては困難である。

(2) 日本型特別活動の導入

エジプトでは日本で実施されている特別活動が注目され、2015年よりモデル校においてパイロットプログラムが導入された。その背景として、エジプトにおける急速な人口増加、不安定な社会・経済状況により、高い失業率やイスラム過激主義の増加などへの対応が喫緊の課題となっていた。このような状況を踏まえ、エジプト政府から日本政府に対して、教育・高等教育分野における協力要請があり2016年に「エジプト日本パートナーシップ」が首脳間共同声明の付属文書として発表され、両国間のパートナーシップの強化が目指された。

そこでは５つのテーマに関して協力が求められ、その中の「基礎教育段階において、日本の教育における特徴的な要素である特別活動をエジプトの公立学校でも導入する」ことが含まれた。これに従ってエジプトの基礎教育における子供たちの規律、道徳心や協調性を養い知徳体のバランスがとれた人格形成を目的としたプロジェクトである「Tokkatsu+」がJICAの支援により実施されている。

このプロジェクトの対象校は2017年３月時点で12校であるが、今後200校に増加させる計画を立てた。JICA とエジプト教育省は2015年10月から小学校２校において、手洗い、日直当番、掃除、体力測定、５分間の計算ドリル補習など、日本で行われている10の活動を試行した。翌2016年度からアフリカ最大の都市圏である大カイロ圏にある既設と新設の12校で実施された。エジプトの高等教育大臣は2017年度終了までに日本型特別活動導入学校を100校に、プロジェクト最終年には212校に拡大することを想定した。

日本型特別活動は、2017年度に特別活動プログラムに準拠した学校建築基準により建設された45校において実施され、残りの55校は現存校舎改築後に開始することとなった。教員の条件として新たに、英語を話すこと、私的チュータリングは禁止、学校の始まりと終わりには教室に顔を出すこと、教育の専門家として生徒の運動・技術や心理的事柄に関心を持つこと、学校がある地区内に居住することが挙げられた。

図１　ギザ市内のパイロット校における「学級会」

出所：独立行政法人国際協力機構 HP「「エジプト・日本学校」35校が開校：日本式教育をエジプトへ本格導入」

Hilali Al-Sherbini教育大臣は特別活動について、「生徒間の集合的作業、掃除や課外活動を通じた包括的な生徒の発達を意味する言葉であり、各学年によって異なる子供の能力の向上を目途とする取り組みである」と説明し、①問題解決における子供間の協力を通して学校での差別を減らす、②子供の教育レベルの改善、③子供同士の良好な関係や学校への愛着を発展させる、④学習意欲の増進、⑤社会の発展を促進する、⑥自尊心と自信を増進させること、を期待した。

(3) 日本型特別活動への賛否

エジプトは1952年のエジプト革命により共和国となって以降、中東戦争や湾岸戦争、さらには通貨不安により経済が疲弊していった。1950年代のナセル大統領時代に社会主義改革計画の一部として大学を含む教育の無償化が行われ大衆の教育への意欲を喚起したが、硬直的な政府官庁や訓練に乏しく給料が低いため教員のレベルが向上せず、学校教育が充分に機能しなくなっている。特に公立学校では、教室における生徒の詰め込み、時代に適合しなくなったカリキュラム、学校設備の老朽化が問題として広く認識されている。

このような教育事情を打破する方策の一つとして日本型特別活動が期待されることとなったのだが、日本型特別活動に対して諸手を挙げて賛成している訳ではない。Reda Hegaziエジプト教育省教育開発局長は、日本が道徳やしつけを涵養する制度を創出・運用しており日本型教育モデルをエジプトに導入することは教育・評価の発展に大きく貢献する可能性があり、子供のしつけを促進する生産的で魅力ある学習環境を創造し、それは暗記よりも子供の理解や批判的思考力を測定する評価制度を備えたものになるとして教育評価の面からも期待を寄せた。しかし、エジプトにおける日本型モデルの適用は「特に人間性に関するカリキュラムが隠されると言うことを意味しない」とエジプトにおける教育の伝統や文化にも一定の配慮が示され日本型特別活動を導入することに批判があった。

まず、エジプトが持っている学校文化、すなわち学校は学問をする場所であるという意識が根強いため日本型特別活動導入に対しては、学校で子供に掃除をさせることが含まれているため間違いなく保護者や子供から批判が上がるとIbrahim Faragアンシャムス大学准教授は指摘する。JICAも同様の懸念を持っていたが、「子供を働かせるべきではない、(学校での掃除は)子供もがやることではない」という考え方から当初は保護者の反対の声が上がったが、子供が家庭でも掃除をしはじめたことで理解を得られるようになった、つまり、学校での活動が家庭における行動に結びついたので保護者から一定の理解を得たと言う。

次に、教員の現状からの批判がある。理想の教育活動は学びを求める真剣な教師と子供たちとで開始されるべきなのだが、エジプトの教員は低い給料のため学校での活動に熱心ではなく何万ポンドも得られる副業の個人指導に流れているので、日本型特別活動を推進できるような教員の育成が必要なのだが学校現場ではその養成への理解浸透は難しい。

そして文化論からは、日本とエジプト双方はそれぞれ独立した世界や文化のなかで生きていることから、他国の経験は参考にならないしモデル移転は必要とされないとの批判がある。国家における教育はその国のアイデンティティ、文化や歴史の一部でありそれらは全てつながっているものなので、日本型モデルを用いることはエジプトが持つ固有の文化からして求められた結果を達成し得ないだろうと考え、他国の成功している制度をもとにして自国の教育文化に適用することに慎重な姿勢をとろうとする。

エジプトの学校教育の実態は、教員の資質能力水準が低いうえ学校やカリキュラムの劣悪さが存在し、さらに暗記を推奨して詰め込み主義の教育を繰り返してはいるが、同時に先人たちにより問題解決能力を獲得し自立性を涵養しようとする様々なカリキュラムが提起され続けてきた実績があるので、新たに日本型特別活動が推進される必要性があるのかについて疑問を呈している。

日本では、エジプトでは掃除や給食などの日本型特別活動が高く評価されエジプトの教育改善に資することが期待されている旨の報道が多い。一方、エジプトの教育省関係者や現地研究者は日本型特別活動を評価してはいるものの、エジプトでは限られた学校におけるトッカツの取り組みは別として、トッカツの一般化については悲観的である。エジプトの教育は、学力重視が広く普及しており、空いた時間を「副業」に充てて憚らない教員文化や老朽化が進行する学校施設設備などの課題が山積しているだけでなく、教育改革が遅々として進まない状況にある。

日本型特別活動導入はそれに風穴を開けて改革していこうとするものであるが、日本型特別活動の一般化はエジプトの教育文化を変容させていくことを意味するので、学校は勿論、家庭や地域社会、教員養成大学など幅広い層が日本型特別活動を受容する態勢の構築が必要となっている。

引用・参考文献

佐藤環『学校の教育学』青簡舎、2020年。

島田裕巳『浄土真宗はなぜ日本で一番多いのか』幻冬舎、2012年。

中島悠介「エジプトにおける‘特別活動’を通じた日本式教育の導入と仮題に関する考察：現地報道を手がかりに」大阪大谷大学教育学会『教育研究』43号、2017年。

日本近代教育史事典編集委員会『日本近代教育史事典』平凡社、1971年。

脇田哲朗「エジプトの日本式学校（EJS）における TOKKATSU 導入の現状と課題—TOKKATSU セミナーと授業研究会、保護者セミナーを通して—」福岡教育大学大学院教育学研究科教職実践専攻（教職大学院）『年報』10号、2020年。

第10章
公共性を考える高等学校の特別活動

1　高等学校の特別活動の特色と道徳教育との関係

第７章でも取り上げられているが、わが国の特別活動には、教科教育と同様に児童生徒が「何を学ぶのか」「どのように学ぶのか」「何ができるようになるのか」に関する全体目標が具体的に設定されている。しかもそれは、小・中学校及び高等学校（以下、高校）と同じであるが、高校の学習指導要領においては以下の様な文言が記載されている。

「集団や社会の形成者としての見方・考え方を働かせ、様々な集団活動に自主的、実践的に取組み、互いのよさや可能性を発揮しながら集団や自己の生活上の課題を解決することを通して、次のとおり資質・能力を育成することを目指す。」

「次の資質・能力」とは、以下の３つである。（１）多様な他者と協働する様々な集団活動の意義や活動を行う上で必要となることについて理解し、行動の仕方を身に付けるようにする。（２）集団や自己の生活、人間関係の課題を見いだし、解決するために話し合い、合意形成を図ったり、意思決定したりすることができるようにする。（３）自主的、実践的な集団活動を通して身に付けたことを生かして、主体的に集団や社会に参画し、生活及び人間関係をよりよく形成するとともに、人間としての在り方生き方についての自覚を深め、自己実現を図ろうとする態度を養う。

ただ、上記の３つの資質・能力の中でも、（３）については高校生ならではのものが求められている。それは「主体的に集団や社会に参画」することや、「自己の生き方」（小学生）だけではなく、「人間としての生き方」（中学生）に加えて人間としての「在り方」についての自覚を深めることが求められている点である。

教師は、こうした特別活動の全体目標の実現のために、「人間関係形成」「社会参画」「自己実現」の３つの視点を意識した教育指導を心がける必要があるが、その際に重要なのは道徳教育との関連性である。高校の道徳教育は、学習指導要領総則に次のように記載されている。高校における道徳教育は、「人間としての在り方生き方に関する教育を学校の教育活動全体を通じて行うことによりその充実を図るもの」であるが、そのために「生徒が自己探求と自己実現に努め、国家・社会の一員としての自覚に基づき行為しうる発達の段階にあることを考慮し、人間としての在り方生き方を考え、主体的な判断のもとに行動し、自立した人間として他者と共によりよく生きるための基盤となる道徳性を養うことを目標とする」とされている。

このような総則における道徳教育の記載と、特別活動に関する全体目標や資質・能力を比べて見ると極めて「親和性」の高い内容であることが分かる。特に、高校においては、小・中学校とは違って道徳教育の補充・深化・統合する「道徳科」が設置されていないため、特別活動の時間に道徳教育活動を行うことで、生徒の資質・能力を育成させることができるように思われる。ここでは、そのような教育活動を展開している茨城県の高校道徳を紹介することで、高校特別活動の教育実践の可能性を考えてみたい。

2　高校のホームルーム活動における討議型教育実践

(1)　茨城県の高校特別活動における道徳教育実践

茨城県の県立高校では、第２学年の特別活動において極めてユニークな道徳教育実践が行われてきた。同学年では、茨城県教育委員会が作成した『道徳プラス』のテキストを活用して、ホームルーム活動の時間に月１回年10回実施し、道徳的判断力や道徳的実践意欲と態度を身に付け、集団や社会の一員としての自覚をもった生徒の育成を目指している。このテキストには、合意形成を目指す討議型の道徳授業ができる以下の教材6編が収録されている。

①ルールとマナー

②茨城の名産品

③みんなの緑地公園

④お祭り

⑤ネットと友情

⑥環境問題を考える

モラルスキルトレーニングによる協働型の道徳教材は以下の6編である。

⑦席をゆずる心

⑧謝るということ

⑨人を思いやる心

⑩みんな仲間のはずなのに

⑪ SNSでのトラブル

⑫ Japanese Only

これらの教材を使って行われる道徳授業では、前半の6編の教材を使って、話し合い活動を通して生徒の道徳的判断力を育成させるために、集団を形成する一人一人が自分の意見を表明しながら相互コミュニケーションを図り、最終的に合意形成を目指していき、よりよい社会の実現を目指す活動が展開されている。

こうした討議活動の理論的なバックボーンになるのは、問題を発見し解決を図る学習（J. デューイ）、相互理解を図るコミュニケーション活動（J. ハーバーマス）、共通理解へと導かれる対話活動（Win・Win対話型）等であり、こうしたコミュニケーション理論に基づいて合意形成を目指す話し合い活動が可能となる。

そこで本章においては、茨城県A高校のホームルーム活動で行われた公共性を考える授業を参考にしながら、討議型授業の参考モデルを紹介したい（A高校の授業の詳細は小川2016aを参照のこと）。A高校の授業では、先の『道徳プラス』のテキストに収録されている教材⑥「環境問題を考える」と同じテーマで、さらに複数の条件が織り込まれている小川（2014：91～93頁）の教材「公共施設と住民自治」を授業資料として取り上げ、ホームルーム活動を行っている。

（2）教材「公共施設と住民自治」を使った討議型授業

A高校の授業実践で使った教材「公共施設と住民自治」は以下の通りである。

【教材：公共施設と住民自治】

A町の郊外にゴミ焼却場を建設する計画が立てられたことは、町民の大きな話題になった。A町は、B市の郊外に位置し、緑の森林という豊かな環境に囲まれた住宅地になっていた。多くの住民はB市の職場に通っており共存関係にあったが、A町の豊かな環境に大きな影響を与えるゴミ焼却場の計画に町民の多くが承服できなかった。都市部の住民たちが大量に排出するゴミを、なぜA町が処理しなければならないのか。当然、反対運動が起こり、町民の多くが計画の中止を訴えた。建設の是非をめぐる公聴会は、このような中で開催された。A町で行われた公聴会には多くの町民だけではなく、B市の住民や市関係者も多数参加した。以下は、その時の状況を取材していたD新聞記者の記録である。

A町長「今回のゴミ焼却場の建設計画は、B市関係者との慎重な検討会を経て、第三者機関の学術的意見も受け入れた上で立てられたものです。焼却場の施設には最先端の技術が投入されており、高度な除去フィルターが装備されているので、ダイオキシン等の有害物質がそのまま煙突から排出されることはありません。」

A町民①「確かに最先端技術が投入されているのでしょうが、有害物質をすべて除去することはできません。長年にわたり少しずつ有害物質は土壌に蓄積されていきます。それに、焼却場が一度作られてしまえばそれを移転することは不可能です。我々はA町の豊かな自然を守り、これから成長する子どもたちのためにも決して建設は認められません。」

B市関係者「第三者機関の学術的意見では、除去フィルターの効果が極めて高く、ほとんど問題ないとの結論が出ております。さらに、建設場所はかなり郊外の場所になっておりますので住宅地に影響はありません。現在B市から出されるゴミの量は加速度的に増えております。A町はB市のベットタウンになっており、通勤されている方も多いと思います。どうか、A町とB市が協力し合いながら地域の発展をはかっていきませんか。」

A町民②「確かにA町からB市に通勤している人は多いです。しかし、大量のゴミはB市から出されているわけですから、B市の適切な場所に建設するべきではありませんか。」

B市民①「A町の皆さんのお気持ちはよく分かります。しかし、B市では急激な都市化によって交通渋滞や過密化の影響は大きくなっており、生活環境は悪化しつつあります。このような状況でさらにゴミ焼却場を建設することは住民として反対です。A町との共存を図るためにも郊外に建設をお願いします。」

B市民②「私は昨年ドイツから帰国して、B市に住むことになりました。私も個人的にはA町のゴミ焼却場の建設計画には反対です。そもそも日本はゴミの量は多すぎます。企業も家庭ももっとゴミを出さない工夫を長い時間かけて考える必要があると思います。ドイツでは住民たちが、ゴミを出さないための多くの知恵を互いに出し合っていましたよ。」

A町民①「焼却場の建設に反対される意見はありがたいです。ただ、問題は緊急を要していますので、ゴミを出さない工夫などという悠長な議論を行っている場合ではありません。それに日本とドイツを単純に比較することはできないと思います。とにかく、私たちA町の自然に悪影響を与える計画には断固として反対です。」

以上のような様々な意見が出されたが、結局公聴会の議論は平行線のままで終わった。そのため明日以降も公聴会が開かれることになった。D新聞記者は、この議論を分析してみた。確かに、それぞれの意見には一理ある。A町の自然を守ることはその町の住民たちの権利であろう。しかし、ゴミ問題という地域社会の公共問題も決して看過できない。D新聞記者は、この問題で両者の合意形成が図られるようなコラム記事を書くことになっている。

〈話し合い活動のヒント〉

① A町民とB市民の主張にはどのような正当性があるのだろうか。

A町民たちの主張の正当性

B市民たちの主張の正当性

② D新聞記者は、両者の合意形成が図られるようなコラム記事を書くことになっているのだが、どのような内容が考えられるだろうか。

この教材を使ったA高校の授業は、特別活動におけるホームルーム活動の時間で実施されている。その場合の主題の設定は、「読み物教材を使って、身近で起こり得るジレンマ的な社会問題を考え、討議活動を通して合意形成にいたるプロセスを体験させ、主体的に集団や社会に参画し、人間としての在り方生き方について考える意識を高める」ことである。さらに、道徳教育の授業としては、道徳の内容項目の「公徳心・社会連帯の意識と高める」に該当する教材として、地域社会の一員としての自覚を持ってより良く生きる力を育ませることを目標としている。

この教材を使って実践する討議型授業モデル例としては、以下の様なものが考えられる。

【導入部分】

まず教材を範読し、個々の生徒にA町民とB市民の主張の正当性を考えさせた上で、下記の模式図を提示して、討議活動のテーマを理解する。

＜模式図の板書例＞

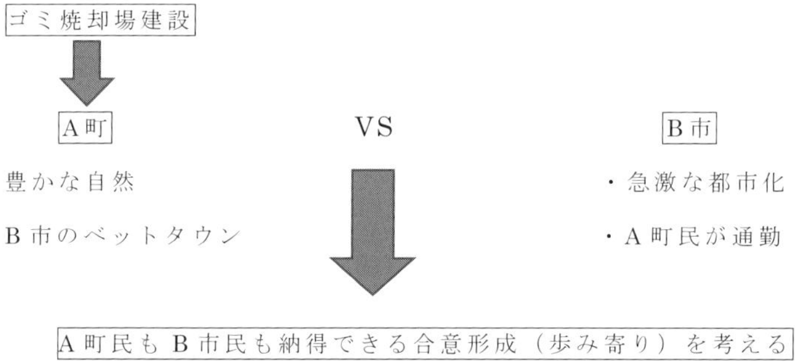

討議するテーマを事前に提示し、各自が「話し合い活動のヒント①」に取り組み、A町民とB市民のそれぞれの主張をワークシートまとめ、双方に主張の正当性を確認させて、この教材のテーマがジレンマを起こしている点に気づかせる。

【展開部分】

グループに分かれて、各自が調べたことを発表し、討議活動を行う。活動後にD新聞記者はどのような内容のコラムを書けば、A町民とB市民が合意形成できるかを考えさせる。発言時には、必ず理由を説明するように指示する。各グループで討議活動の結果を発表させ、合意内容を板書する。

【まとめ（終末）部分】

自他のグループから出た意見を集約し、より良い合意形成案を発表させた後、自分の考えをワークシートに記入させる。

（3）授業実践の記録

A 高校の実際の授業は、以下の様な構成で行われた。①授業の導入部分で教材の内容確認を行い、最終目標は「D 新聞記者がどのようなコラムをまとめれば合意形成になるのか」であることを明示した。教師は「正当性」「合意形成」「コラム」等の語句の意味を事前に説明した。②グループは 4 名か 6 名の偶数にして、ペアインタビューができるようにした。③各グループ内でまとめられた合意形成案をグループ別に板書し、発表した。④各グループの合意形成案を比較検討しながら、多様な案を取り込みながらクラスとしての合意形成案を集約していくが、無理に一つの案にまとめる必要はない。

各グループから出た意見は以下の通りである。A 高校では、2 クラス（X 組、Y 組）でこの授業が展開されているので、代表的な合意形成案を紹介しておきたい。

〈X 組の合意形成案〉

①A 町のゴミ焼却場建設に同意してもらうため、A 町のゴミ処理料金を安くして、B 市は高くする。
②B 市のゴミの量を減らす効果がでるように、ゴミの多い B 市の料金を高くする。
③ゴミ処理料金での予算を活用し、A 町の環境保護（有害処理フィルターの点検・修理等）に優先的に使う。
④焼却するための熱を利用して、温水プール等の福祉施設や発電所を建設して A 町に電力を供給する。

⑤焼却場・施設等の雇用はA町民から積極的に採用し、失業対策に役立てる。

〈X組全体の合意形成〉

ゴミを出す料金をA町はゴミ焼却場のリスクを負うために安く設定する。ゴミの多いB市は、ごみ処理の料金を高く設定して、ゴミの量を減らす効果もねらう。余った予算でA町の環境保護事業、福利厚生施設建設に取り組むことで、雇用問題も解決させるようにする。

〈Y組の合意形成案〉

①A町とB市を合併させて、総合的に問題解決を図る。
②A町とB市との協議の結果を、第三者の立場からC市に公平に評価してもらう。
③B市に環境保護税のような税金をかけ、A町が抱えている失業、環境、動植物保護の問題の解決を図る。
④ごみ焼却場に新しい発電所を建設し、A町に安い電気を提供する。
⑤A町とB市の境界線上にゴミ焼却場を建設し、双方が痛みを共有することで合意形成を図る。

〈Y組全体の合意形成〉

A町にゴミ焼却場を建設することを同意してもらうために、C市は建設資金を支出し、さらに環境保護税を徴収してA町に補助金を出す。さらにB市はゴミの量を制限する取り組みをする。また、ごみ焼却場に発電所を建設し、A町に電気を安く提供する。

2つのクラスの合意形成案では、単なる環境面からの解決策だけではなく、環境保護税を導入する案や、労働問題の面から失業対策を考えた案や、A町とB市の合併による政治的解決策、温水プール等の福利厚生施設を組み合わせた社会問題解決策等、柔軟な発想と多様な提案に基づいた興味深い合意形成がなされていることが分かる。

生徒たちの個々の意見は、実に多様で一見すると一致点の見いだせないものに思えるが、全体の合意形成案を見ていくと実は共通した対策になっていることが分かる。それは、個々の違いを乗り越えてA町もB市も両者が納得できるある種の「終着点」を求めた討議活動が行われたからだと思われる。そのため、全体討議案は、オープンエンドで拡散するものではなく、議論の終着点を目指した緩やかなクローズドエンドに行き着いていることが分かる。

3　結語的考察

以上のような茨城県の高校の特別活動には、特別活動と道徳教育との高い親和性を持った教育実践が確認できる。高校生が、自己探求と自己実現に努めていく過程で、社会参画活動とコミットメントして、自他の多様な価値観や意見に触れながら、互いの相違を自覚し、一致点を目指す活動を展開することは、特別活動にも道徳教育にも重要な教育課題である。それは、個人が人間としての在り方生き方を考える際に極めて重要な課題であろう。

特別活動の全体目標を達成させるためには、人間関係形成、社会参画そして自己実現を図る教育活動が欠かせない。ただ、そのような教育活動には、個々人の行動を価値づける動機付けが必要である。人は、自分にとってあるいは自分が属する集団にとって価値あるものと意識されない限り、高い動機付けに基づいた意欲的な活動をすることない。公徳心や高い社会参画意識をどのように考えるのかは、道徳教育を通して培われるものである。このような点に注目すれば、特別活動と道徳教育の双方が有機的に組み合わされて効果的な教育活動が展開されることが重要であろう。

引用・参考文献

茨城県教育委員会『高校２年生のための道徳プラス』2016年 a。

茨城県教育委員会『道徳教育指導資料　高校２年生の道徳プラス』2016年 b。

文部科学省『高等学校学習指導要領（平成30年告示）解説　特別活動編』2018年。

小川哲哉『主体的な〈学び〉の理論と実践―「自律」と「自立」を目指す教育―』青簡舎、2014年 a。

小川哲哉・渡邉英一・渡邊哲郎「公共性を考える道徳教育実践―高校道徳の事例から―」『茨城大学教育実践研究　第33号』2014年 b。

小川哲哉・上地完治・小林万里子「学校における教育的関係の編み直し―道徳教育における教師の立ち位置に着目して―」坂越正樹監修、丸山恭司・山名淳編『教育的関係の解釈学』東信堂、2019年。

第11章　総合的な探究の時間の学習方法と教育実践

1 「総合的な探究の時間」開設の経緯

2022（令和４）年から高等学校（以下、高校）では、年次進行の形で、「総合的な探究の時間」の教育活動が行われている。

周知のごとく2018（平成30）年に改訂された学習指導要領においては、学びのプロセスとして「習得」「活用」「探究」が重視されており、教科教育に限らず、他の教育活動においても、日頃の学校生活で習得した知識・技能を日常生活の様々な場面で活用し、様々な問題を発見し、それを解決するための「資質・能力」を生徒に獲得させることが求められている。すなわち、知識・技能の習得が、探究へと集約されることになっている。

このように探究活動が重視されることに伴い、従来の「総合的な学習の時間」という名称は「総合的な探究の時間」へと変更された。今回の変更で、探究の内容は、前回2009（平成21）年の学習指導要領で提示された「国際理解、情報、環境、福祉・健康などの現代的な諸課題に対応する横断的・総合的な課題」が引き続き踏襲され、さらに「地域や学校の特色に応じた課題」や「生徒の興味・関心に基づく課題」の他に、「職業や自己の進路に関する課題」が付け加えられたことが注目される。

2009年学習指導要領では「自己の在り方生き方や進路について考察する学習活動」が重視されていたが、今回は職業や自己の進路というキャリア教育的な課題探究が重視されている。確認のために総合的な探究の時間の目標を以下引用しておきたい。

探究の見方・考え方を働かせ、横断的・総合的な学習を行うことを通して、自己の在り方生き方を考えながら、よりよく課題を発見し解決していくための資質・能力を次のとおり育成することを目指す。
(1) 探究の過程において、課題の発見と解決に必要な知識及び技能を身に付け、課題に関わる概念を形成し、探究の意義や価値を理解するようにする。
(2) 実社会や実生活と自己との関わりから問いを見いだし、自分で課題を立て、情報を集め、整理・分析して、まとめ・表現することができるようにする。
(3) 探究に主体的・協働的に取り組むとともに、互いのよさを生かしながら、新たな価値を創造し、よりよい社会を実現しようとする態度を養う。

このように目標の内容を改めて見ていくと、今回の学習指導要領の改訂では、名称変更が示す通り、「学習活動」よりも「探究活動」が重視されていることが分かる。前回の学習指導要領では、課題の解決を通して自身の在り方生き方を見つめていくことが重要であったのに対して、今回は自己の在り方生き方を見つめることが重視されながらも、課題の発見と解決が〈学び〉の中心であることが分かる。

2　総合的な探究の時間における探究活動のあり方

高校の学習指導要領解説『総合的な探究の時間編』においては、総合的な探究の時間の特徴的な学習の在り方が次のように説明されている。

総合的な探究の時間で重要なのは、生徒たちの「探究の見方・考え方を働かせる」ことであり、探究活動における〈学び〉のプロセスを学ぶことこそが、総合的な探究の時間の本質であるとされている。具体的に言えば、それは「問題解決的な学習」を発展的に繰り返しながら行うことを意味する。小・中学校において総合的な学習の時間で行う〈学び〉は、「探究的な見方・考え方を働かせる」点にとどまっているが、高校では「探究の見方・考え方を働かせる」、つまり「探究そのもの」が重視されている。

「探究そのもの」とは一体何を意味するのだろうか。それは端的に言えば「課題発見」のことである。総合的な探究の時間において、高校生はまず課題を発見することから始め、以下の４段階の〈学び〉のプロセスを経て進められる。

①日常生活や社会に目を向けた時に湧き上がってくる疑問や関心に基づいて、自ら課題を見付け、②そこにある具体的な問題について情報を収集し、③その情報を整理・分析したり、知識や技能に結び付けたり、考えを出し合ったりしながら問題の解決に取り組み、④明らかになった考えや意見などをまとめ・表現し、そこからまた新たな課題を見付け、更なる問題の解決を始めるといった学習活動を発展的に繰り返していく。

解説では、このような「探究における生徒の学習の姿」を、以下の様なイメージ図で説明している。

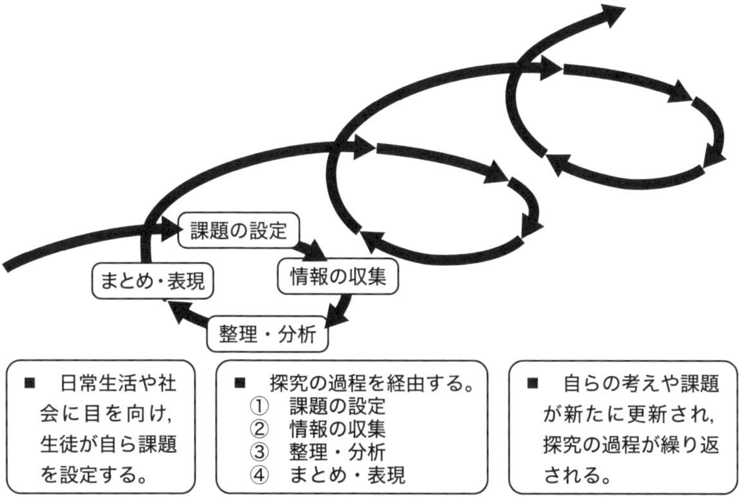

図５　イメージ図

我々は、日常生活において、様々な事象に対して疑問を持ったり、強い興味を持ったりすることがある。そうした瞬間をそのままにすることなく、そこに問いただしたい課題を見つけ出し、それを解決する〈学び〉を続けていく姿勢は重要である。

そのため、総合的な探究の時間に提示される探究資料は、人間としての在り方生き方を深く考えることができ、自ら課題を発見して、情報を収集し、その情報を「整理・分析」した上で、「まとめ・表現」することができるものでなくてはならない。ここでは、2つのモデル教材を使って、探究活動のあり方を考えてみたい。

(1) 国際理解や環境を探究課題とするモデル教材

モデル教材① ：汚染された水を飲むしかない子どもたち

〈資料①〉

公益財団法人日本ユニセフのWebページには、汚染された水を飲むしかない子どもたちに関する以下の様な見出しが掲載されています。

(https://www.unicef.or.jp/special/17sum/2023年4月15日閲覧)

①今、安全な水を手に入れられない人は、世界で6億6300万人にのぼります。 ②毎日、800人もの子どもが、汚れた水や不衛生な環境が原因で命を落としています。

(※Webページには、2017年6月のデータであることが記載されている)

【課題発見して見よう：ワークシート1】

課題①

自分が住んでいる町の総人口(2017年)を調べて、6億6300万人はその何倍なのかを調べると共に、日本の小学生以下の人口も確認しよう。

課題②

世界では、汚染された水を飲むしかない子どもたちがどうして生まれるのかを考えてみよう。

課題③

汚れた水や不衛生な環境が、どのようにして子どもの命を奪っているのかを考え、話し合ってみよう。

〈資料②〉

ユニセフによれば、安全な飲み水の提供は、2020年には2017年時点よりも改善されていますが、依然として４億8900万人の人々が未改善の水源を利用せざるを得ない状況にあり、１億2200万人の人が湖や河川、用水路などの未処理の地表水を使用しています。

多くの子どもたちの約６割は、汚れた水や不衛生な環境から下痢となり、体力低下が原因で亡くなっています。地域的には、そのほとんどがサハラ以南のアフリカと南アジア地域の２歳未満の子どもたちです。

【課題解決して見よう：ワークシート２】

課題解決①

汚れた水や不衛生な環境を改善するためには、どのような産業技術や経済活動が必要だろうか。話し合ってみよう。

課題解決②

募金への応募の他に、苦しんでいる子どもたちに我々ができる支援活動は何だろう。話し合ってみよう。

【さらなる探究活動をしてみよう：ワークシート３】

探究活動①

探究活動を振り返り、さらに調べたいと思う探究課題を考えてみよう。

探究活動②

課題解決のためにどのような情報収集・整理・分析が必要だろうか。話し合ってみよう。

〈教材分析と探究活動のあり方〉

この教材は、まさにSDGsの6.1「安全な水とトイレを世界中に」に関わる内容であると同時に、世界の子どものおかれている状況を考えるグローバルな問題がテーマになっている。その意味では、国際理解や環境問題と深く関わる現代的諸課題に対応した「横断的・総合的な課題」を含んだ教材である。

高校生は、まず最初に資料①を読んで、タブレット端末等を使ってユニセフのWebページにアクセスし、「安全な水」に関する探究課題の発見に取り組むことになる。ただ多くの高校生の場合、すでに小・中学校の総合的な学習の時間の〈学び〉を経験しているとはいっても、いきなり様々な課題を発見できるわけではない。各自で考えた上で、グループ学習活動を行うにしても、教師側が予め課題発見のためのいわばヒントになるような問いを用意しておくことは必要である。

ワークシート１の課題①～③は、そのような教育的配慮としての課題である。最初の課題①では、６億6300万人という数の多さを、量的な感覚として理解させるために、自分の街の人口（自分の学校の生徒数でもよい。）等を基準にして、その数の実感化をはからせたい。例えば10万の都市であっても6630倍という深刻な数字となる。課題②については、ユニセフのWebページにアクセスすると、茶色い汚染された水を飲んでいる痛々しいほどの子どもの姿が確認できる。さらに課題③をグループ学習で調べ、情報を整理して、各グループの発表を行うことが考えられる。

そうした課題発見学習を行った上で、ワークシート２では、課題解決学習に取り組むことになる。すでに、ワークシート１における探究活動によって「安全な水」に関する知識は深まっているので、ここでの取り組みは、さらに高次の課題を見つけ出す思考活動になるだろう。「水不足や汚染された水の問題はどのような産業技術や経済活動によって解決できるのだろうか」「水を運ぶ子どもの労働問題から、低開発国の子どもたちの人権はどうなっているのか」「水を確保するための国際協力において日本の果たすべき役割は何だろうか」等々、さらに探究学習を深めることができるだろう。

(2) 起業家精神（アントレプレナーシップ）を探究課題とするモデル教材

モデル教材②：S.ジョブズのアントレプレナーシップを学ぶ

〈資料①〉

近年、「アントレプレナーシップ」という言葉がよく使われます。この言葉は日本語で「起業家精神」と訳されますが、起業家精神とは何を意味するのか考えてみましょう。

【課題発見して見よう：ワークシート１】

課題①

「アントレプレナーシップ（起業家精神）」という言葉からイメージするものを考え、話し合ってみよう。

課題②

2011年に亡くなったS. ジョブズは、アントレプレナーシップ（起業家精神）を持ったイノベーター（改革者）だったと言われています。彼はコンピュータの世界を、根本的に変える技術革新を生み出しました。それは何だろうか。

〈資料②〉

アントレプレナーシップは、「起業家（企業家）精神」と訳されることが多いのですが、この訳語だとベンチャー企業等、新たな会社を立ち上げる意欲のようなイメージを与えてしまいがちです。

しかし、実際にはそうした意欲だけではなく、さらにこれまでなかった新しい試みを行う挑戦者の姿勢や、リスクを恐れないで革新的な試みを敢えておこなう行動力を表す言葉なのです。有名な経営学者ドラッカーは、アントレプレナーシップを経済用語だけではなく、経済領域を超えた人間のあらゆる活動に結びつくものであると言っています。

2011年に亡くなったS. ジョブズは、まさにアントレプレナーシップを持った改革者でした。ジョブズは、コンピュータの形を根本的に変えてしまう２つの革新的試みを実現させました。一つ目は、キーボードで打ち込むコンピュータを、画面をタッチするだけのコンピュータへと変貌させたことです。これは現在では常識となっているタブレット端末の「マルチタッチ」機能です。さらに二つ目は、「デジタルハブ」（ハブとは中心という意味）という考え方です。今やスマホを中心にして、複数の電子機器がネットでつながることは常識になっています。

【課題解決して見よう：ワークシート２】

課題解決①

ノートパソコンとタブレット端末の入力方法の違いを、改めて考えてみて、「マルチタッチ」機能の斬新さを考えてみよう。

課題解決②

スマホをデジタルハブにして、他のどのような電子機器とネットでつなげられるかを考え、話し合ってみましょう。

課題解決③

ジョブスが、いつも大切な言葉としていたのは「シンプルが一番いい」でした。これが彼のアントレプレナーシップを象徴する言葉だと言われていますが、その理由を考えてみましょう。

【さらなる探究活動をしてみよう：ワークシート３】

探究活動①

探究活動を振り返り、さらに調べたいと思う探究課題を考えてみよう。

探究活動②

課題解決のためにどのような情報収集・整理・分析が必要だろうか。話し合ってみよう。

〈教材分析と探究活動のあり方〉

この教材は、今回の学習指導要領改訂で総合的な探究の時間の探究内容に新たに付け加えられた「職業や自己の進路」等のキャリア教育的な課題探究ができる内容になっている。その際に重要なのが、アントレプレナーシップである。ただ、それは単に将来の職業選択に関わる狭義のキャリア教育的な意味ではなく、常に新しい挑戦を試みる姿勢や行動力を考えさせる起業家精神としてのアントレプレナーシップである。その際に取り上げたい人物の一人がS.ジョブズである。彼が2011（平成23）年に亡くなってすでに12年たっており、コンピュータの世界を一新させた彼の功績を全く知らない高校生も増えてきている。

ワークシート1で、生徒たちはまず、これまで聞きなれてはいない「アントレプレナーシップ（起業家精神）」という言葉に取り組むことになる。起業家という言葉のイメージは、ベンチャー企業を起こすやり手の「企業家」であるかもしれないが、そうではないことをグループ学習で確認させたい。課題②については、ネット等の調べ学習でジョブズがもたらした数多くの技術革新は容易に見つけ出せるだろう。ただ、その中で最も重要なものが資料②で解説したように、「マルチタッチ」機能と、「デジタルハブ」の発想に絞り込むことは高校生には難しいかもしれない。そのため、ワークシート2では、この2つの技術革新を調べ、その意義を確認する課題解決学習を行わせる。

課題解決③は、ジョブズのアントレプレナーシップを象徴する言葉「シンプルが一番いい」の意味を考えさせるものである。この言葉こそが、ジョブズの思想と行動を示す代表的なものであると言われているが、高校生のレベルでこの言葉の解釈を行わせることは簡単ではないかもしれない。ただ、ジョブズの２つの技術革新は、まさにこの言葉からもたらされたのだと気づかせたい。

「シンプルにする」ということは、単に物事を「単純にする」ことではなく、これまで誰も考えつかなかった知恵とアイディアを必要する。複雑な操作や機能を持ったコンピュータをつくるとなれば、様々な器具を複雑に組み合わせなければならない。それを敢えて「シンプル」にさせるためには、これまで考えられてこなかった独自な発想やアイディアが必要となるし、そうしないと実現するのは難しい。だからこそ必然的に技術革新が起こるのである。ジョブズの２つの技術革新は、そのようにして作られたと言われている。

だからこそ、彼のアントレプレナーシップを体現する言葉は、「シンプルが一番いい」なのである。

そのような課題解決学習を行った上で、ワークシート３では更なる探究活動へと進みたい。「なぜタブレット端末には、限られたスイッチしかないのか」「今のスマホにさらなる機能をつけてもシンプルなデザインを維持するためには、どのような新しい発想が必要になるだろうか」等々、ジョブズの発想を超えるようなアイディアを考えていく探究学習を試みてもらいたい。

3　結語的考察

以上、２つのモデル教材を通して、総合的な探究の時間の「探究」活動の在り方を論究してきた。モデル教材①は、国際理解や環境問題を探究するもので、まさに現代の様々な社会問題に対応する「横断的・総合的な課題」を含んだ教材である。しかも持続可能な開発目標であるSDGsの目標の一つを含むものであり、この教材を通してさらに他のSDGsの目標についても探究学習が可能になるかもしれない。

これに対してモデル教材②は、今回の学習指導要領に付け加えられた「職業や自己の進路に関する課題」を含み込んだものである。そこにはキャリア教育的な課題探究を進める意図が込められているが、注意したいのは単なる職業選択や進路選択を行う探究ではない点である。その代表的なものがアントレプレナーシップを探究する学習活動と言えるであろう。

従来文部科学省はキャリア教育の定義を、児童生徒一人一人のキャリア発達を支援し、それぞれに相応しいキャリア形成をしていくために必要な意欲・態度や能力を育む教育としてきた。もちろん個々人の能力開発は、キャリア教育においても主要な項目であるし、その種のキャリア教育の重要性は言うまでもない。

ただそうであるが故に、これまでのキャリア教育においては、他者との協働活動を行いながら新たなプロジェクトを実現させたり、社会問題を多様な立場の人材によって解決させていく活動を、学校教育で体験・経験する機会は必ずしも多くはなかったと言われている。その意味においても総合的な探究の時間において、高校生にアントレプレナーシップ的な発想に立った課題解決学習を体験させるのは重要なことであると思われる。

引用・参考文献

W. アイザックソン著 / 井口耕二訳『Steve Jobs スティーブ・ジョブズⅠ・Ⅱ』講談社、2011年

木村竜也他「PBLに基づいた「総合的な探究の時間」における生徒の振り返りの検討」『日本教育工学会研究報告集』2022年。

清水洋『アントレプレナーシップ』有斐閣、2022年。

「変化する高校教育に対する教員の現状：高校教育改革に関する調査2022　結果報告」『リクルートカレッジマネジメント　236』2023年。

文部科学省『高等学校学習指導要領』2009年。

文部科学省『高等学校学習指導要領』2018年。

文部科学省『高等学校学習指導要領（平成30年告示）解説　総合的な探究の時間編』2018

吉村和就『世界と日本の水事情―Global Water Navigation』水道産業新聞社、2020年。

「安全な水」公益財団法人　日本ユニセフ協会　Web ページ
https://www.unicef.or.jp/special/17sum/（2023年 4 月15日閲覧）

「ユニセフの主な活動分野：水と衛生」公益財団法人　日本ユニセフ協会　Web ページ
https://www.unicef.or.jp/about_unicef/about_act01_03_water.html（2023年 4 月15日閲覧）

第12章　保幼小連携と生活科の動向

1　予備的考察

子どもの教育や保育をめぐって様々な問題が起こっている現在、幼児教育と小学校教育の連携・接続は重要なものである。その重要性は、2017（平成29）年３月に告示された幼稚園教育要領、幼保連携型認定こども園教育・保育要領、保育所保育指針（以下、幼稚園教育要領等）及び小学校学習指導要領のどれもが、「保幼小連携」に力を入れている点から見ても明らかであろう。

保幼小連携は、学校が子どもたちの抱える様々な問題に対応できなくなってきたことを背景に注目されるようになった。幼児教育と小学校教育の間では、いわゆる小１プロブレム問題が深刻になっており、１年生のクラスの授業が成立しないなどの現状が指摘されている。

こうした問題が生じる背景には、社会環境の著しい変化や家庭生活の変容が考えられる。新自由主義による市場原理の台頭は、労働環境だけなく家庭環境やそこで行われる保育・教育にも影響を与えている。かつてペスタロッチーによって「居間の教育」と表現され、教育思想の中でも特別な意味が与えられていた家庭の姿は、自己責任論と個人主義の台頭により解体されてしまったといえるだろう。

ヤングケアラー問題やネグレクトの増加が示すように、家庭内での様々な困難に直面している子どもたちは増加傾向にある。そうした子どもたちにとって環境が大きく変わる就学移行期は、ことさら大きなハードルとなっている。そのため保幼小連携の課題は、小学校へと移行する際に大きなハードルに直面する子どもたちに対して、どのような教育支援活動を展開すればいいかにあると言えるだろう。

これらの課題に取り組むために、2017（平成29）年に告示された新学習指導要領はとりわけ保幼小連携に力を入れている。幼稚園教育要領等では、「幼児期の終わりまでに育ってほしい姿」を明示しており、さらに小学校学習指導要領では「幼児期の終わりまでに育ってほしい姿を踏まえた指導を工夫すること」が求められている。

とはいえ、小学校と幼稚園が連携していくには、様々な課題が散見される。特に幼稚園や小学校の全ての教職員が、互いの教育活動、すなわち保育と教育を十分理解できているとは言い難い状況にあるとの指摘もある。幼稚園及び小学校で用いられる「教育」という概念は、その目的からして大きな違いがある。その違いに対する共通理解が深められないままに保幼小連携を進めて行くのは、多くの諸課題を解決することを困難にするばかりか、保幼小連携の本質的理念を損なうことにもなりかねない。

そこで本章では、これまでの保幼小連携をめぐりどのような議論が行われてきたかを踏まえた上で、保幼小連携の実現に重要な役割を果たすと言われている生活科とスタートカリキュラムに注目し、その動向について考察したい。

2 「保幼小連携」とその背景

(1) 小１プロブレム問題の登場

保幼小連携の必要性が叫ばれるようになった背景には、「小１プロブレム」と呼ばれる、小学校入学時の子どもたちの学校不適応問題があると言われている。酒井（2011）によれば、小１プロブレムとは「授業中に立ち歩く児童がいる」「学級全体での活動で各自が勝手に行動する」「良い姿勢を保てず、机に伏したり、いすを揺らしたりする児童が多い」「教員の指示が全体に行き届かない」といった、学校文化やその中にある規範への不適応を意味している。

小１プレブレムの社会問題化が一つの契機になって、幼稚園と小学校の連携、あるいはそれに保育所を含めての連携の必要性が強く求められるようになった。2008（平成20）年に改訂された保育所保育指針と幼稚園教育要領では、小学校との連携についてかなり詳細に触れられている。また、小学校指導要領でも特に低学年で幼児教育との接続をはかることが求められている。そうした動向を受けて、保幼小連携の実践が各地でなされるようになった。

今日の保幼小連携は、小１プロブレム問題にどう対応するかといった文脈で検討されることが多い。ただ、保幼小連携は小１プロブレムが問題になる以前から指摘されてきた。保幼小連携教育に関する議論は1956（昭和31）年の幼稚園教育要領にまで遡ることができる。

(2)「幼小連携」をめぐる論点

1956（昭和31）年の幼稚園教育要領では、小学校教育の観点から幼小連携の強化が言及されている。現在とは違い、この時期はまだ保幼小連携の考え方が確立されおらず、「幼小連携」の取り組みが重視されていたのだが、要領には「幼稚園の保育内容について、小学校との一貫性を持たせるようにした」と明記されていた。しかも幼稚園教育の内容は「１　健康」「２　社会」「３　自然」「４　言語」「５　音楽リズム」「６　絵画制作」という、当時の小学校のカリキュラムに近いものとして提示されており、幼児教育と小学校教育との区別を意識した内容にはなっていなかった。

しかしこのような内容に対しては、当初から幼児教育の独自性が確保されていないとの批判があった。そこで、そうした指摘を受けて、1964（昭和39）年の幼稚園教育要領では、幼稚園教育の領域は教育とは違い、幼児の生活経験に即し、その興味や欲求を活かして総合的な指導行うようにすることが謳われる。これらの議論は領域ごとにどのように幼小の一貫性を強化するか、という観点で議論された。

ところが、このような議論に対し、1971（昭和46）年の中央教育審議会答申（以下46答申）においては異なる観点が提示された。それは、幼稚園と小学校という機関の連携に注目した具体的な提言であった。46答申では「４、５歳児から小学校の低学年の児童までを同じ教育機関で一貫した教育を行うことによって、幼年期の教育効果を高める」と記されている。この提言は幼稚園と小学校を各機関の連携から捉えただけでなく、幼児の就学時期を早め、早期教育を行おうとする狙いがあったと読み取ることができる。

このような早期教育を進めようとする考え方がある一方で、この時期においても対抗する立場の議論があったことも重要である。紙幅の関係で詳しくは検討できないものの、46答申以前に、幼稚園から８歳までを一体系とし一貫した指導を行うべきというだという議論がなされていた。これは米国の新教育運動に影響を受けており、子どもの自主性を育むうえで重要な考えとして今日においても検討されている。ただ、46答申における幼小連携の主流は、幼稚園教育の小学校化であり、知育中心の早期教育の方向に向いていたと言ってよいだろう。

(3)「幼小連携」をめぐる論争

義務教育年齢の引き下げによる幼年期の教育効果への期待は、その後1989（平成元年）年に改訂された学習指導要領によって転換されることになる。この改訂は、1970年代から80年代にかけて増加したいじめや不登校問題を背景に、子どもたちの自主性や主体性の重要性が指摘されたことが背景にある。そして、子どもの自主性を育てるため、自主性が前提である「遊び」の重要性に気運が高まり、幼稚園だけではなく保育園とも連携した実践的展開が徐々になされていく。

そのため、この学習指導要領の改訂は、今日の保幼小連携の教育実践にとって重要な転機と位置付けることができるだろう。汐見（2008）は、この改訂に影響を与えた平井信義の見解を次のようにまとめている。「昭和30年代は幼稚園にせよ保育所にせよ、原点を見失って小学校化した時代であり、私は『魔の年代』と呼んでいる」、しかし「そうした中で、前の『幼稚園教育要領』の大切な部分が理解されず、無視されたといってよい。だから改めて、「自主性」「自発性」を育てることを目指した要領と指針を制定したのだ」と述べている。

3　保幼小連携と生活科

こうした幼稚園や保育園等の連携の動きの中で、小学校においても自主性や自発性を尊重する教科が創設される。それが「生活科」であった。生活科は、1989（平成元年）年の学習指導要領において、1・2年の社会科と理科の代わりに創設された。その教育内容は、子どもたちの自主性や自発性を尊重するものであり、その意味では保育園や幼稚園で重視された教育活動と通底するものが少なくない。したがって生活科は、保幼小連携との関わりを重視しながら1998（平成10）年、2008（平成20）年、2017（平成29）年の三度にわたり改訂されてきた。

(1) 1989（平成元年）年から1998（平成10）年における生活科の特徴

1989（平成元年）年における小学校学習指導要領の改訂で生活科が新設された。生活科は社会科と理科、道徳教育の文脈で俎上にあがることが多いが、保幼小連携においても重要な意味をもつ。このときの改訂では、子どもの自主性や、主体的に学習及び生活に取り組むための基礎的な能力、そしてそれらに関わる態度の育成が言及されており、新設された生活科は、保育園や幼稚園での学びを小学校に引き継いでいくという側面があると指摘されている。とはいえ、このときの幼稚園教育要領では小学校における生活科との連携については特別に言及されてはおらず、保幼小連携を強く意識した生活科との接続があったとは言い難い。

保幼小連携の具体的な動きは、その後の1998（平成10）年の改訂から意識されるようになったと言ってよい。1998（平成10）年改訂の幼稚園教育要領では、1989（平成元年）年の考え方を踏襲しつつも、「幼稚園教育が、小学校以降の生活や学習の基盤の育成につながることに配慮し、幼児期にふさわしい生活を通して、創造的な思考や主体的な生活態度などの基礎を培うようにすること」と明記され、保育園や幼稚園での生活や学習との接続が十分に取れるように教育内容が意識されていたことが分かる。

(2) 1998（平成10）年から2008（平成20）年の動向

創設当初から生活科には、保育園や幼稚園との連携を視野に入れた教育活動が意識されていた。というのも幼児期の日々の生活の中で、創造的な思考や主体的な生活態度を育成することは、保幼小連携の重要なテーマであったからだ。

ところが、1999（平成11）年頃から問題視されてきた「学級崩壊」問題がメディアに広く取り上げられ、今日でいう「小１プロブレム」が社会問題化することによって、保幼小連携は、新たな様相を見せるようになる。当時の与党議員の中に小１プロブレム問題の原因を幼児教育に求め、その克服のために５歳児就学に移行すべきとの意見があったという。５歳児就学は、46答申で提案されたテーマであったが、当時の早期教育と関係する中で提案されたテーマとは全く異なるものであった。何故なら、学級そのものが秩序を維持できない状況としての小１プロブレム問題を、保幼小連携に求めたからである。

文部科学省は、研究協力者会議等の報告を踏まえて、2005（平成17）年１月に「子どもを取り巻く環境の変化を踏まえた今後の幼児教育の在り方について」という答申をまとめた。

2005（平成17）年の答申で特に強調されたのは、幼児の発達や学びの連続性を踏まえた幼児教育の充実の観点から、幼児教育と小学校教育との連携を強化・改善することであった。教育内容における具体策としては、５歳児を対象にした「協同的な学び」が推奨された。答申では、協同的な学びとは「幼児どうしが、教師の援助の下で、共通の目的・挑戦的な課題など、一つの目標を作り出し、協力工夫して解決していく活動」を指すものと定義されている。

また、幼児期から児童期への教育の流れを意識して、幼児教育における教育内容や方法を充実する必要があること、それとともに幼稚園教育要領等で幼稚園等施設と小学校との連携の推進等についてより明確化する必要があることなどが指摘された。

なお、このうち幼児期から児童期への教育の流れについて、答申では具体的に「遊びの中での興味や関心に沿った活動から、興味や関心を活かした学びへの教育の流れを意識して、幼児教育における教育内容や方法を充実する必要がある」と記されている。

この答申では幼児期と児童期を明確に区分したうえで、幼児教育の充実の必要性が説かれる形となった。汐見（2008）はこの点について「答申を素直に読めば、幼児教育部会メンバーが、一部議員から要請がある5歳児入学＝幼児教育の学校への準備段階への抵抗を行っていることが読み取れる」と指摘し、「中教審の幼児教育関係者は、このあたりによるに不安を持っていて、保幼小連携の強化をうたうことによって、準備教育化への圧力に抵抗することを考えていると見られる」と述べている。

また、2006（平成18）年に改訂された教育基本法第11条も、その後の保幼小連携に大きな影響を与えている。この改訂により幼児期の教育は「生涯にわたる人格形成を担うものである」と規定された。この改訂をうけ、学校教育基本法第22条は、幼稚園教育の目的を「義務教育及びその後の教育の基礎を担う」と明示した。これらの法律によって、その後の学習指導要領における目標や内容の実現は、幼稚園教育と小学校教育との連携や一貫性が言及されることとなる。

以上の議論を経て2008（平成20）年の保育所保育指針や幼稚園教育要領、

小学校学習指導要領の改訂が行われることとなった。2008（平成20）年の改訂において生活科には保幼小連携を意識した具体的な提言が行われ、その位置付けを担うこととなる。とりわけ、保幼小連携を意識したスタートカリキュラムがこの改訂によって生活科の中で強く意識して取り組まれることとなった。

4　生活科とスタートカリキュラム

(1) 幼児期の終わりまでに育ってほしい姿

このように、保幼小連携の中で重要な位置付けがされてきた生活科であるが、その内容は2017（平成29）年３月の学習指導要領改訂でより具体的なものとなる。まずこの改訂は知・徳・体にわたる「生きる力」を子どもたちに育むために、目標及び内容が「知識及び技能」、「思考力、判断力、表現力等」、「学びに向かう力、人間性等」の３つの柱で整理された。同じく改訂された幼稚園教育要領等でも「知識及び技能の基礎」、「思考力、判断力、表現力等の基礎」、「学びに向かう力、人間性等」の３つの柱から構成される資質・能力を一体的に育むように示した。

これらの資質・能力の育成の実現のために「幼児期の終わりまでに育ってほしい姿を踏まえた指導を工夫することにより、幼稚園教育要領等に基づく幼児期の教育を用いて育まれた資質・能力を踏まえて教育活動を実施し、児童が主体的に自己を発揮しながら学びに向かうことが可能となるようにすること」と規定された。とはいえ、遊びや生活を通して総合的に学んでいく幼児と、各教科の学習内容を系統的に学ぶ児童の教育課程は大きく異なり、接続が難しく思われる。そのため、今回の改訂では、「幼児期の終わりまでに育ってほしい姿」を具体的に示し、「生活科を中心に、合科的・関連的な指導や弾力的な時間割の設定など、指導の工夫や指導計画の作成を行うこと（スタートカリキュラムの編成・実施）」を通して、この接続を実現しようとしている。

では、遊びや生活を積み重ねることによって幼稚園教育において育みたい「幼児期の終わりまでに育ってほしい姿」とはどのようなものであるか。それが次の10項目で示されている。すなわち①健康な心と体、②自立心、③協同性、④道徳性・規範意識の芽生え、⑤社会生活とのかかわり、⑥思考力の芽生え、⑦自然との関り、生命尊重、⑧数量や図形、座標や文字などへの関心・感覚、⑨言葉による伝え合い、⑩豊かな感性と表現、である。ただ、あくまでもこれらは到達すべき目標ではなく、自発的な活動としての遊びを通して一人一人の発達の特性に応じて育っていくものとして捉えられており、全ての幼児に同じようにみられる本質的なものとして掲げられているわけではない。そのため、幼稚園の教育と小学校教育を接続するにあたってはそれぞれの発達の段階を踏まえ、これらの姿を手掛かりに、幼児期の実態を理解するとともに、教職員同士で子どもの成長を共有することが肝要であろう。

(2) スタートカリキュラム

「幼児期の終わりまでに育ってほしい姿」を踏まえながら保幼小連携の役割を担う生活科を指導するうえで、子どもたちに何を学んでもらうか、という教育課程もまた重要なものである。前述した通り、幼稚園期の教育課程と学習内容を系統的に学ぶ児童の教育課程は内容や進め方が大きく異なるため、幼児期の子どもは規範や学習が中心となる小学校生活に慣れていく必要がある。

そのための接続を図る上で、スタートカリキュラムの考えは重要なものとなる。2017（平成29）年の学習指導要領の改訂では、スタートカリキュラムの定義と特徴を次のように規定する。すなわち「遊びや生活を通して総合的に学んでいく幼児期の教育課程と、各教科等の学習内容を系統的に学ぶ児童期の教育課程は、内容や進め方が大きく異なる。そこで、入学当初は、幼児期の生活に近い活動と児童期の遊び方を織り交ぜながら、幼児期の豊かな学びと育ちを踏まえて、児童が主体的に自己を発揮できるようにする場面を意図的につくることが求められる。それがスタートカリキュラムであり、幼児期の教育と小学校教育を円滑に接続する重要な役割を担っている。」と。

このスタートカリキュラムは具体的には、生活科を中心とした合科的・関連的な指導の形態をとっている。しかもスタートカリキュラムは生活科を中心に考えられるものの、実際には単独で行われるわけではない。図画工作や国語科と合科的・関連的に実施し、他教科の狙いを考えて単元を構想することが求められる。その際、幼児期に親しんできた遊びや歌、リズムに乗って体を動かすなどの工夫があることによって、「環境を通して行う教育」にもつながってくる。

次に児童が安心して学べる学習環境を整えることも重要である。幼児期の教育は「環境を通して行う教育」によって行われており、児童が安心感を持ち、自分の力で学校生活を送るようになることが求められる。その際、児童の実態や幼児期の生活に近い活動を通すことによって、人とのかかわりが生まれる活動に安心や楽しさを見出し、人間関係が豊かに広がっていくことに繋がっていく。そして、豊かな人間関係の中で友達や先生に認められ成長への意欲が高まることで、学習者としての自立が育まれていく。

最後に重要なものとして、幼小及び保護者を通した関係者間の連携の重要性が指摘されている。この改訂では、「全教職員でその意義や考え方、大切にしたいことなどを共通理解し、協力体制を組んで第１学年を見守り育てるとともに、児童の実態に即して毎年見直しを行いながら改善し次年度に繋いでいくことが重要である」と述べられており、スタートカリキュラムの実現には職員の協力が欠かせないことが指摘されていた。また、保護者にスタートカリキュラムの意義や狙いを伝えることによって保護者の安心感や学校への信頼感を生むことにも繋がる。さらに、幼稚園等の関係者も巻き込み協議を行うことによって、双方の取り組みを振り返り改善していくことに繋がると指摘されていた。

この改訂では、入学当初の生活科を中心としたスタートカリキュラムによって、児童が「明日も学校に来たい」という意欲を生みだされ、幼児期の教育から小学校以降の教育への円滑な接続がもたらされることが期待されていたと言えるだろう。

5　結語的考察―保幼小連携の課題―

2017（平成29）年の改訂では、生活科の中にスタートカリキュラムが明確に位置付けられており、これまで以上に保幼小連携に力を入れた取り組みとして読み取ることができる。その理由は本章で示した通り、幼児期の遊びの意義を損なうことなく、児童期に求められる規範を獲得することにあった。これは、保幼小連携の歴史の中で画期的なものであろう。

保幼小連携の歴史は、本章でも見てきたように、時代の要請の中で紆余曲折の歴史でもあった。すなわち、「教育」を主要目的とする小学校と、「遊び」を大切にする幼稚園等の学びのあり方は、どちらが主になるかをめぐる問題ではないにも関わらず、どちらかに比重をおく教育活動が展開されてきたと言ってよい。すなわち、46答申以後は早期教育を重視する幼稚園等の小学校化が進んだし、逆にゆとり教育が推進された時期には、創造的思考や自主性や主体性を重視する生活態度の育成が重視された。

ところが、小１プロブレムが深刻化する中で、幼稚園等で「幼児期の終わりまでに育って欲しい姿」を提示しながら、小学校入学当初には幼児期の豊かな学びを尊重しながら、児童が主体的に自己を発揮できるようなスタートカリキュラムが考えられ、生活科を中心として教科横断型の合科的な学びが重視されるようになった。こうした変化の背景には、小１プロブレム問題もあることは間違いないが、学力観の変容の影響も見逃せないだろう。学校教育における学びは、知識伝達型の学びではなく、知識や技能を活用する資質能力を育成する学びへと大きく変化したこともあるだろう。その意味で、生活科を中心とするスタートカリキュラムの適切な実施には、これまで以上に保幼小連携の学びのあり方が重視されるようになるだろう。

引用・参考文献

中央教育審議会『今後における学校教育の総合的な拡充設備のための基本的施策について（答申）（第22回答申（昭和46年６月11日））』1971年。

文部科学省国立教育政策研究所教育課程研究センター『発達や学びをつなぐスタートカリキュラム』2018年。

文部科学省『小学校学習指導要領（平成29年告示）解説　生活編』2017年。

文部科学省『幼稚園教育要領』2017年。

文部省『幼稚園教育要領』1956年。

酒井朗、横井紘子著『保幼小連携の原理と実践』ミネルヴァ書房、2011年。

坂本達也「『居間の教育』思想の現代的意義に関する研究―N. ノディングスのケアリング論を手掛かりに―」『人間教育の探求』日本ペスタロッチー・フレーベル学会、第33号、2021年、pp.1-23。

汐見稔幸「日本の幼児教育・保育改革のゆくえ―保育の質・専門性を問う知的教育」泉千勢、一見真理子、汐見稔幸編『世界の幼児教育・保育改革と学力―未来への学力と日本の教育９』明石書店、2008年、pp.335-359。

関 連 資 料

学制序文

師範学校令

教育勅語

日本国憲法（抄）

大日本帝国憲法（抄）

教育基本法

改正教育基本法

教師の倫理綱領

期待される人間像（抄）

学校教育法

学校教育法施行規則

21世紀における新しい教師像

学習指導要領（抄）

カリキュラムマネジメント

学制序文

第二百十四号

　人々自《みづか》ら其身を立て其産《さん》《しんだい》を治《をさ》め其業《げふ》《とせい》を昌《さかん》にして以て其生《せい》《いつしょう》を遂《とぐ》るゆゑんのものは他《た》なし身を脩《をさ》め智《ち》《ちへ》を開《ひら》き才芸《さいげい》《きりようわざ》を長《ちやう》《ます》ずるによるなり而て其身を脩め知を開き才芸を長ずるは学《がく》《がくもん》にあらざれば能《あた》はず是れ学校《がくかう》《がくもんじよ》の設《もうけ》あるゆゑんにして日用常行言語書算《にちようじやうこうげんぎよしよさん》《ひびのみのおこないことばづかいてならいそろばん》を初《はじ》め仕官農商百工技芸《しくわんのうしようひやくこうぎげい》《やくにんひやくしやうあきんどしよくにんげいにん》及び法律政治《ほうりつせいぢ》《おきて》天文医療《てんもんいれう》《やまひいやす》等に至る迄凡人の営《いとな》むところの事学《がくもん》あらさるはなし人能く其才のあるところに応《おう》《まかせ》じ勉励《べんれい》《つとめはげみ》して之に従事《じゆうじ》《よりしたがひ》ししかして後初で生を治め産を興《おこ》し業を昌にするを得べしされば学問《がくもん》は身を立るの財本《ざいほん》《もとで》ともいふべきものにして人たるもの誰か学ばずして可ならんや夫《か》の道路《どうろ》《みち》に迷《まよ》ひ飢餓《きが》《くひものなき》に陥《おちひ》り家を破り身を喪《うしなふ》《なくする》の徒《と》《ともがら》の如きは畢竟《ひつきやう》《つまり》不学《ふがく》《がくもんせぬ》よりしてかゝる過《あやま》ちを生ずるなり従来《じうらい》《もとから》学校の設ありてより年を歴《ふ》ること久しといへども或は其道を得ざるよりして人其方向《はふこう》《めあて》を誤《あやま》《まちがい》り学問は士人《しじん》《さむらい》以上の事とし農工商及婦女子《ふじよし》《をんなこども》に至つては之を度外《どぐわい》《のけもの》におき学問の何者《なにもの》たるを辨《べん》ぜず又士人以上の稀《まれ》に学ぶものも動《やや》もすれば国家《こくか》《くに》の為にすと唱《たな》へ身を立るの基《もとゐ》たるを知《しら》ずして或は詞章記誦《ししやうきしよう》《ことばのあやそらよみ》の末に趨《はし》り空理虚談《くうりぎよだん》《むだりくつそらばなし》の途に陥《おちい》《はまり》り其論高尚《ろんかうしよう》《りつぱ》に似たりといへども之を身に行《おこな》ひ事に施《ほどこ》すこと能《あたわ》ざるもの少からず是すなはち沿襲《えんしう》《しきたり》の習弊《しうへい》《わるきくせ》にして文明《ぶんめい》《ひらけかた》普《あま》ねからず才芸の長ぜずして貧乏破産喪家《びんぼうはさんそうか》《まずししんだいくずしいへをなくす》の徒《と》《ともがら》多きゆゑんなり是故に人たるものは学ばずんばあるべからず之を学ぶに宜しく其旨を誤るべからず之に依て今般文部省《もんぶしやう》に於て学制《がくせい》《がくもんのしかた》を定め追々教則《きやうそく》《をしえかた》をも改正《かいせい》し布告に及ぶべきにつき自今《じこん》《いまより》以後《いご》一般《いつぱん》《のちいちどう》の人民《ひとびと》華士族農工商及婦女子必ず邑《いふ》《むら》に不学の戸なく家に不学の人なからしめん事を

期《き》《まつ》す人の父兄《ふけい》《ちちあに》たるもの宜しく此意を体認《たいにん》《こころえ》し其愛育《あいいく》《かわいがる》の情《じやう》《こころ》を厚《あつ》くし其子弟をして必ず学に従事せしめざるべからざるものなり高上の学に至ては其の人の材能に任すといへども幼童の子弟は男女の別なく小学に従事せしめざるものは其父兄の越度たるべき事

但従来沿襲《じうらいえんしう》《これまでしきたり》の弊《へい》《くせ》学問は士人以上の事とし国家の為にすと唱ふるを以て学費《がくひ》《けいこりよう》及其衣食《いしよく》《きものくひもの》の用に至る迄多く官《くわん》《やくしよ》に依頼《いらい》《よりもたれ》し之を給《きふ》《くださる》するに非ざれば学《まなば》ざる事と思ひ一生を自棄《じき》《じぶんからすて》するもの少からず是皆惑《まど》へるの甚《はなはだ》しきもの也自今《いまから》以後《のち》此等の弊《へい》を改め一般《いちどう》の人民他事《たじ》《ほかのこと》を抛《なげう》《すてをき》ち自ら奮《ふるつ》《はげみ》て必ず学《がくもん》に従事《じゆうじ》《よりしたがい》せしむべき様心得べき事

右之通被　仰出候条地方官ニ於テ辺隅小民ニ至ル迄不洩様便宜解釈ヲ加ヘ精細申諭文部省規則ニ随ヒ学問普及致候様方法ヲ設可施行事

明治五年

太　政　官

師範学校令（明治19年4月10日勅令第13号）

第1条（目的）

師範学校は教員となるべき者を養成する所とする。ただし生徒に順良・信愛・威重の気質を備えさせることに注目すべき者とする。

第2条（種類）

師範学校を高等と尋常の二等に分ける。高等師範学校は文部大臣の管理に属する。

第3条（設置数）

高等師範学校は東京に1箇所、尋常師範学校は府県に1箇所ずつ設置しなければならない。

第4条（経費）

高等師範学校の経費は国庫より、尋常師範学校の経費は地方税から支出しなければならない。

第5条（尋常師範学校の経費）

尋常師範学校の経費に必要な地方税の額は府知事県令がその予算を調整し、文部大臣の認可を受けなければならない。

第6条（教員の任期）

師範学校長および教員の任期は5年とする。5年以上継続してもよい。

第7条（尋常師範学校長の兼務）

尋常師範学校長はその府県の学務課長を兼務することができる。

第8条（生徒募集）

師範学校生徒の募集および卒業後の服務に関する規則は文部大臣の定めるところによる。

第9条（生徒の学資）

師範学校生徒の学資（学費）はその学校から支給しなければならない。

第10条（高等師範学校卒業時の資格）

高等師範学校の卒業生を尋常師範学校長および教員に任命することとする。ただし場合によっては各種の学校長および教員に任命することができる。

第11条（尋常師範学校卒業時の資格）

尋常師範学校の卒業生を公立小学校長および教員に任命することとする。ただし場合によっては各種の学校長および教員に任命することができる。

第12条（学科・教科書）

師範学校の学科およびその程度ならびに教科書は文部大臣の定めるところによる。

教育勅語《きょういくちょくご》

朕惟《ちんおも》うに　我《わ》が皇祖皇宗《こうそこうそう》　国《くに》を肇《はじ》むること宏遠《こうえん》に　徳《とく》を樹《た》つること深厚《しんこう》なり　我《わ》が臣民《しんみん》　克《よ》く忠《ちゅう》に克《よ》く孝《こう》に　億兆心《おくちょうこころ》を一《いつ》にして　世世厥《よよそ》の美《び》を済《な》せるは　此《こ》れ我《わ》が国体《こくたい》の精華《せいか》にして　教育《きょういく》の淵源亦実《えんげんまたじつ》に此《ここ》に存《そん》す

爾臣民《なんじしんみん》　父母《ふぼ》に孝《こう》に兄弟《けいてい》に友《ゆう》に　夫婦相和《ふうふあいわ》し朋友相信《ほうゆうあいしん》じ　恭倹己《きょうけんおの》れを持《じ》し　博愛衆《はくあいしゅう》に及《およ》ぼし　学《がく》を修《おさ》め　業《ぎょう》を習《なら》い　以《もっ》て智能《ちのう》を啓発《けいはつ》し　徳器《とっき》を成就《じょうじゅ》し　進《すすん》で公益《こうえき》を広《ひろ》め　世務《せいむ》を開《ひら》き　常《つね》に国憲《こっけん》を重《おもん》じ　国法《こくほう》に遵《したが》い　一旦《いったん》緩急《かんきゅう》あれば　義勇公《ぎゆうこう》に奉《ほう》じ　以《もっ》て天壌無窮《てんじょうむきゅう》の皇運《こううん》を扶翼《ふよく》すべし　是《かく》の如《ごと》きは　独《ひと》り朕《ちん》が忠良《ちゅうりょう》の臣民《しんみん》たるのみならず　又以《またもっ》て爾祖先《なんじそせん》の遺風《いふう》を顕彰《けんしょう》するに足《た》らん

斯《こ》の道《みち》は　実《じつ》に我《わ》が皇祖皇宗《こうそこうそう》の遺訓《いくん》にして　子孫臣民《しそんしんみん》の倶《とも》に遵守《じゅんしゅ》すべき所《ところ》　之《これ》を古今《ここん》に通《つう》じて謬《あやま》らず　之《これ》を中外《ちゅうがい》に施《ほどこ》して悖《もと》らず　朕爾臣民《ちんなんじしんみん》と倶《とも》に拳拳服膺《けんけんふくよう》して　咸其徳《みなそのとく》を一《いつ》にせんことを庶幾《こいねが》う

明治二十三年十月三十日

御名《ぎょめい》　御璽《ぎょじ》

日本国憲法（抄）（昭和21年11月３日公布）

日本国民は、正当に選挙された国会における代表者を通じて行動し、われらとわれらの子孫のために、諸国民との協和による成果と、わが国全土にわたつて自由のもたらす恵沢を確保し、政府の行為によつて再び戦争の惨禍が起ることのないやうにすることを決意し、ここに主権が国民に存することを宣言し、この憲法を確定する。そもそも国政は、国民の厳粛な信託によるものであつて、その権威は国民に由来し、その権力は国民の代表者がこれを行使し、その福利は国民がこれを享受する。これは人類普遍の原理であり、この憲法は、かかる原理に基くものである。われらは、これに反する一切の憲法、法令及び詔勅を排除する。

日本国民は、恒久の平和を念願し、人間相互の関係を支配する崇高な理想を深く自覚するのであつて、平和を愛する諸国民の公正と信義に信頼して、われらの安全と生存を保持しようと決意した。われらは、平和を維持し、専制と隷従、圧迫と偏狭を地上から永遠に除去しようと努めてゐる国際社会において、名誉ある地位を占めたいと思ふ。われらは、全世界の国民が、ひとしく恐怖と欠乏から免かれ、平和のうちに生存する権利を有することを確認する。

われらは、いづれの国家も、自国のことのみに専念して他国を無視してはならないのであつて、政治道徳の法則は、普遍的なものであり、この法則に従ふことは、自国の主権を維持し、他国との対等関係に立たうとする各国の責務であると信ずる。

日本国民は、国家の名誉にかけ、全力をあげてこの崇高な理想と目的を達成することを誓ふ。

第１章　天　皇

第１条［天皇の地位・国民主権］

天皇は、日本国の象徴であり日本国民統合の象徴であつて、この地位は、主権の存する日本国民の総意に基く。

第９条（戦争の放棄）

①日本国民は、正義と秩序を基調とする国際平和を誠実に希求し、国権の

発動たる戦争と、武力による威嚇又は武力の行使は、国際紛争を解決する手段としては、永久にこれを放棄する。

②前項の目的を達するため、陸海空軍その他の戦力は、これを保持しない。国の交戦権は、これを認めない。

第３章　国民の権利及び義務

第11条［基本的人権の享有］

国民は、すべての基本的人権の享有を妨げられない。この憲法が国民に保障する基本的人権は、侵すことのできない永久の権利として、現在及び将来の国民に与へられる。

第12条［自由・権利の保持の責任とその濫用の禁止］

この憲法が国民に保障する自由及び権利は、国民の不断の努力によつて、これを保持しなければならない。又、国民は、これを濫用してはならないのであつて、常に公共の福祉のためにこれを利用する責任を負ふ。

第13条［個人の尊重と公共の福祉］

すべて国民は、個人として尊重される。生命、自由及び幸福追求に対する国民の権利については、公共の福祉に反しない限り、立法その他国政の上で、最大の尊重を必要とする。

第14条［法の下の平等、貴族の禁止、栄典］

①　すべて国民は、法の下に平等であつて、人種、信条、性別、社会的身分又は門地により、政治的、経済的又は社会的関係において、差別されない。

②　華族その他の貴族の制度は、これを認めない。

③　栄誉、勲章その他の栄典の授与は、いかなる特権も伴はない。栄典の授与は、現にこれを有し、又は将来これを受ける者の一代に限り、その効力を有する。

第20条［信教の自由］

①　信教の自由は、何人に対してもこれを保障する。いかなる宗教団体も、国から特権を受け、又は政治上の権力を行使してはならない。

②　何人も、宗教上の行為、祝典、儀式又は行事に参加することを強制されない。

③　国及びその機関は、宗教教育その他いかなる宗教的活動もしてはなら

ない。

第23条［学問の自由］

学問の自由は、これを保障する。

第25条［生存権、国の社会的使命］

① すべて国民は、健康で文化的な最低限度の生活を営む権利を有する。

② 国は、すべての生活部面について、社会福祉、社会保障及び公衆衛生の向上及び増進に努めなければならない。

第26条［教育を受ける権利、義務教育］

① すべて国民は、法律の定めるところにより、その能力に応じて、ひとしく教育を受ける権利を有する。

② すべて国民は、法律の定めるところにより、その保護する子女に普通教育を受けさせる義務を負ふ。義務教育は、これを無償とする。

第28条［労働者の団結権］

勤労者の団結する権利及び団体交渉その他の団体行動をする権利は、これを保障する。

第10章　最高法規

第97条［基本的人権の本質］

この憲法が日本国民に保障する基本的人権は、人類の多年にわたる自由獲得の努力の成果であつて、これらの権利は、過去幾多の試練に堪へ、現在及び将来の国民に対し、侵すことのできない永久の権利として信託されたものである。

大日本帝国憲法（抄）（明治二十二年二月十一日）

第１章　天皇

第１条　大日本帝国ハ万世一系ノ天皇之ヲ統治ス
第２条　皇位ハ皇室典範ノ定ムル所ニ依リ皇男子孫之ヲ継承ス
第３条　天皇ハ神聖ニシテ侵スヘカラス
第４条　天皇ハ国ノ元首ニシテ統治権ヲ総攬シ此ノ憲法ノ条規ニ依リ之ヲ行フ
第11条　天皇ハ陸海軍ヲ統帥ス

教育基本法（昭和二十二年三月三十一日、法律第二十五号）

朕は、枢密顧問の諮詢を経て、帝国議会の協賛を経た教育基本法を裁可し、ここにこれを公布せしめる。

教育基本法

われらは、さきに、日本国憲法を確定し、民主的で文化的な国家を建設して、世界の平和と人類の福祉に貢献しようとする決意を示した。この理想の実現は、根本において教育の力にまつべきものである。

われらは、個人の尊厳を重んじ、真理と平和を希求する人間の育成を期するとともに、普遍的にしてしかも個性ゆたかな文化の創造をめざす教育を普及徹底しなければならない。

ここに、日本国憲法の精神に則り、教育の目的を明示して、新しい日本の教育の基本を確立するため、この法律を制定する。

第一条（教育の目的）　教育は、人格の完成をめざし、平和的な国家及び社会の形成者として、真理と正義を愛し、個人の価値をたつとび、勤労と責任を重んじ、自主的精神に充ちた心身ともに健康な国民の育成を期して行われなければならない。

第二条（教育の方針）　教育の目的は、あらゆる機会に、あらゆる場所において実現されなければならない。この目的を達成するためには、学問の自由を尊重し、実際生活に即し、自発的精神を養い、自他の敬愛と協力によつて、文化の創造と発展に貢献するように努めなければならない。

第三条（教育の機会均等）　すべて国民は、ひとしく、その能力に応ずる教育を受ける機会を与えられなければならないものであつて、人種、信条、性別、社会的身分、経済的地位又は門地によつて、教育上差別されない。

2　国及び地方公共団体は、能力があるにもかかわらず、経済的理由によつて修学困難な者に対して、奨学の方法を講じなければならない。

第四条（義務教育）　国民は、その保護する子女に、九年の普通教育を受けさせる義務を負う。

2　国又は地方公共団体の設置する学校における義務教育については、授業料は、これを徴収しない。

第五条（**男女共学**）　男女は、互に敬重し、協力し合わなければならないものであつて、教育上男女の共学は、認められなければならない。

第六条（**学校教育**）　法律に定める学校は、公の性質をもつものであつて、国又は地方公共団体の外、法律に定める法人のみが、これを設置することができる。

2　法律に定める学校の教員は、全体の奉仕者であつて、自己の使命を自覚し、その職責の遂行に努めなければならない。このためには、教員の身分は、尊重され、その待遇の適正が、期せられなければならない。

第七条（**社会教育**）　家庭教育及び勤労の場所その他社会において行われる教育は、国及び地方公共団体によつて奨励されなければならない。

2　国及び地方公共団体は、図書館、博物館、公民館等の施設の設置、学校の施設の利用その他適当な方法によつて教育の目的の実現に努めなければならない。

第八条（**政治教育**）　良識ある公民たるに必要な政治的教養は、教育上これを尊重しなければならない。

2　法律に定める学校は、特定の政党を支持し、又はこれに反対するための政治教育その他政治的活動をしてはならない。

第九条（**宗教教育**）　宗教に関する寛容の態度及び宗教の社会生活における地位は、教育上これを尊重しなければならない。

2　国及び地方公共団体が設置する学校は、特定の宗教のための宗教教育その他宗教的活動をしてはならない。

第十条（**教育行政**）　教育は、不当な支配に服することなく、国民全体に対し直接に責任を負つて行われるべきものである。

2　教育行政は、この自覚のもとに、教育の目的を遂行するに必要な諸条件の整備確立を目標として行われなければならない。

第十一条（**補則**）　この法律に掲げる諸条項を実施するために必要がある場合には、適当な法令が制定されなければならない。

附則

この法律は、公布の日から、これを施行する。

教育基本法（平成十八年十二月二十二日法律第百二十号）

教育基本法（昭和二十二年法律第二十五号）の全部を改正する。

我々日本国民は、たゆまぬ努力によって築いてきた民主的で文化的な国家を更に発展させるとともに、世界の平和と人類の福祉の向上に貢献することを願うものである。

我々は、この理想を実現するため、個人の尊厳を重んじ、真理と正義を希求し、公共の精神を尊び、豊かな人間性と創造性を備えた人間の育成を期するとともに、伝統を継承し、新しい文化の創造を目指す教育を推進する。

ここに、我々は、日本国憲法の精神にのっとり、我が国の未来を切り拓く教育の基本を確立し、その振興を図るため、この法律を制定する。

第一章　教育の目的及び理念

（教育の目的）

第一条　教育は、人格の完成を目指し、平和で民主的な国家及び社会の形成者として必要な資質を備えた心身ともに健康な国民の育成を期して行われなければならない。

（教育の目標）

第二条　教育は、その目的を実現するため、学問の自由を尊重しつつ、次に掲げる目標を達成するよう行われるものとする。

一　幅広い知識と教養を身に付け、真理を求める態度を養い、豊かな情操と道徳心を培うとともに、健やかな身体を養うこと。

二　個人の価値を尊重して、その能力を伸ばし、創造性を培い、自主及び自律の精神を養うとともに、職業及び生活との関連を重視し、勤労を重んずる態度を養うこと。

三　正義と責任、男女の平等、自他の敬愛と協力を重んずるとともに、公共の精神に基づき、主体的に社会の形成に参画し、その発展に寄与する態度を養うこと。

四　生命を尊び、自然を大切にし、環境の保全に寄与する態度を養うこと。

五　伝統と文化を尊重し、それらをはぐくんできた我が国と郷土を愛するとともに、他国を尊重し、国際社会の平和と発展に寄与する態度を養うこと。

（生涯学習の理念）

第三条　国民一人一人が、自己の人格を磨き、豊かな人生を送ることができるよう、その生涯にわたって、あらゆる機会に、あらゆる場所において学習することができ、その成果を適切に生かすことのできる社会の実現が図られなければならない。

（教育の機会均等）

第四条　すべて国民は、ひとしく、その能力に応じた教育を受ける機会を与えられなければならず、人種、信条、性別、社会的身分、経済的地位又は門地によって、教育上差別されない。

２　国及び地方公共団体は、障害のある者が、その障害の状態に応じ、十分な教育を受けられるよう、教育上必要な支援を講じなければならない。

３　国及び地方公共団体は、能力があるにもかかわらず、経済的理由によって修学が困難な者に対して、奨学の措置を講じなければならない。

第二章　教育の実施に関する基本

（義務教育）

第五条　国民は、その保護する子に、別に法律で定めるところにより、普通教育を受けさせる義務を負う。

２　義務教育として行われる普通教育は、各個人の有する能力を伸ばしつつ社会において自立的に生きる基礎を培い、また、国家及び社会の形成者として必要とされる基本的な資質を養うことを目的として行われるものとする。

３　国及び地方公共団体は、義務教育の機会を保障し、その水準を確保するため、適切な役割分担及び相互の協力の下、その実施に責任を負う。

４　国又は地方公共団体の設置する学校における義務教育については、授業料を徴収しない。

（学校教育）

第六条　法律に定める学校は、公の性質を有するものであって、国、地方公共団体及び法律に定める法人のみが、これを設置することができる。

2　前項の学校においては、教育の目標が達成されるよう、教育を受ける者の心身の発達に応じて、体系的な教育が組織的に行われなければならない。この場合において、教育を受ける者が、学校生活を営む上で必要な規律を重んずるとともに、自ら進んで学習に取り組む意欲を高めることを重視して行われなければならない。

（大学）

第七条　大学は、学術の中心として、高い教養と専門的能力を培うとともに、深く真理を探究して新たな知見を創造し、これらの成果を広く社会に提供することにより、社会の発展に寄与するものとする。

2　大学については、自主性、自律性その他の大学における教育及び研究の特性が尊重されなければならない。

（私立学校）

第八条　私立学校の有する公の性質及び学校教育において果たす重要な役割にかんがみ、国及び地方公共団体は、その自主性を尊重しつつ、助成その他の適当な方法によって私立学校教育の振興に努めなければならない。

（教員）

第九条　法律に定める学校の教員は、自己の崇高な使命を深く自覚し、絶えず研究と修養に励み、その職責の遂行に努めなければならない。

2　前項の教員については、その使命と職責の重要性にかんがみ、その身分は尊重され、待遇の適正が期せられるとともに、養成と研修の充実が図られなければならない。

（家庭教育）

第十条　父母その他の保護者は、子の教育について第一義的責任を有するものであって、生活のために必要な習慣を身に付けさせるとともに、自立心を育成し、心身の調和のとれた発達を図るよう努めるものとする。

2　国及び地方公共団体は、家庭教育の自主性を尊重しつつ、保護者に対する学習の機会及び情報の提供その他の家庭教育を支援するために必要な施策を講ずるよう努めなければならない。

（幼児期の教育）

第十一条　幼児期の教育は、生涯にわたる人格形成の基礎を培う重要なものであることにかんがみ、国及び地方公共団体は、幼児の健やかな成長に資する良好な環境の整備その他適当な方法によって、その振興に努めなければならない。

（社会教育）

第十二条　個人の要望や社会の要請にこたえ、社会において行われる教育は、国及び地方公共団体によって奨励されなければならない。

２　国及び地方公共団体は、図書館、博物館、公民館その他の社会教育施設の設置、学校の施設の利用、学習の機会及び情報の提供その他の適当な方法によって社会教育の振興に努めなければならない。

（学校、家庭及び地域住民等の相互の連携協力）

第十三条　学校、家庭及び地域住民その他の関係者は、教育におけるそれぞれの役割と責任を自覚するとともに、相互の連携及び協力に努めるものとする。

（政治教育）

第十四条　良識ある公民として必要な政治的教養は、教育上尊重されなければならない。

２　法律に定める学校は、特定の政党を支持し、又はこれに反対するための政治教育その他政治的活動をしてはならない。

（宗教教育）

第十五条　宗教に関する寛容の態度、宗教に関する一般的な教養及び宗教の社会生活における地位は、教育上尊重されなければならない。

２　国及び地方公共団体が設置する学校は、特定の宗教のための宗教教育その他宗教的活動をしてはならない。

第三章　教育行政

（教育行政）

第十六条　教育は、不当な支配に服することなく、この法律及び他の法律の定めるところにより行われるべきものであり、教育行政は、国と地方公共団体との適切な役割分担及び相互の協力の下、公正かつ適正に行われなければならない。

２　国は、全国的な教育の機会均等と教育水準の維持向上を図るため、教育に関する施策を総合的に策定し、実施しなければならない。

３　地方公共団体は、その地域における教育の振興を図るため、その実情に応じた教育に関する施策を策定し、実施しなければならない。

４　国及び地方公共団体は、教育が円滑かつ継続的に実施されるよう、必要な財政上の措置を講じなければならない。

（教育振興基本計画）

第十七条　政府は、教育の振興に関する施策の総合的かつ計画的な推進を図るため、教育の振興に関する施策についての基本的な方針及び講ずべき施策その他必要な事項について、基本的な計画を定め、これを国会に報告するとともに、公表しなければならない。

２　地方公共団体は、前項の計画を参酌し、その地域の実情に応じ、当該地方公共団体における教育の振興のための施策に関する基本的な計画を定めるよう努めなければならない。

第四章　法令の制定

第十八条　この法律に規定する諸条項を実施するため、必要な法令が制定されなければならない。

附則抄

（施行期日）

１　この法律は、公布の日から施行する。

教師の倫理綱領（昭和二七年、日本教職員組合決定）

一　教師は日本社会の課題にこたえて青少年とともに生きる
二　教師は教育の機会均等のためにたたかう
三　教師は平和を守る
四　教師は科学的真理に立って行動する
五　教師は教育の自由の侵害を許さない
六　教師は正しい政治をもとめる
七　教師は親たちとともに社会の頽廃とたたかい、新しい文化をつくる
八　教師は労働者である
九　教師は生活権を守る
十　教師は団結する

期待される人間像（抄）

まえがき

この「期待される人間像」は、「第１部　当面する日本人の課題」と「第２部　日本人にとくに期待されるもの」から成っている。

この「期待される人間像」は、「第１　後期中等教育の理念」の「２　人間形成の目標としての期待される人間像」において述べたとおり、後期中等教育の理念を明らかにするため、主体としての人間のあり方について、どのような理想像を描くことができるかを検討したものである。

以下に述べるところのものは、すべての日本人、とくに教育者その他人間形成の任に携わる人々の参考とするためのものである。

それについて注意しておきたい二つのことがある。

（１）　ここに示された諸徳性のうち、どれをとって青少年の教育の目標とするか、またその表現をどのようにするか、それはそれぞれの教育者あるいは教育機関の主体的な決定に任せられていることである。しかし、日本の教育の現状をみるとき、日本人としての自覚をもった国民であること、職業の尊さを知り、勤労の徳を身につけた社会人であること、強い意志をもった自主独立の個人であることなどは、教育の目標として、じゅうぶんに留意されるべきものと思われる。ここに示したのは人間性のうちにおける諸徳性の分布地図である。その意味において、これは一つの参考になるであろう。

（２）　古来、徳はその根源において一つであるとも考えられてきた。それは良心が一つであるのと同じである。以下に述べられた徳性の数は多いが、重要なことはその名称を暗記させることではない。むしろその一つでも二つでも、それを自己の身につけようと努力させることである。そうすれば他の徳もそれとともに呼びさまされてくるであろう。

第１部　当面する日本人の課題

「今後の国家社会における人間像はいかにあるべきか」という課題に答えるためには、第１に現代文明はどのような傾向を示しつつあるか、第２に今日の国際情勢はどのような姿を現わしているか、第3に日本のあり方はどのようなものであるべきかという3点からの考察が必要である。

1　現代文明の特色と第1の要請

現代文明の一つの特色は自然科学のぼっ興にある。それが人類に多くの恩恵を与えたことはいうまでもない。医学や産業技術の発展はその恩恵のほどを示している。そして今日は原子力時代とか、宇宙時代とか呼ばれるにいたっている。それは何人も否定することができない。これは現代文明のすぐれた点であるが、それとともに忘れられてはならないことがある。それは産業技術の発達は人間性の向上を伴わなければならないということである。もしその面が欠けるならば、現代文明は跛（は）行的となり、産業技術の発達が人類の福祉に対して、それにふさわしい貢献をなしがたいことになろう。社会学者や文明批評家の多くが指摘するように、人間が機械化され、手段化される危険も生ずるのである。

またその原因は複雑であるが、現代文明の一部には利己主義や享楽主義の傾向も認められる。それは人類の福祉と自己の幸福に資することができないばかりでなく、人間性をゆがめる結果にもなろう。

ここから、人間性の向上と人間能力の開発という第1の要請が現われる。

今日は技術革新の時代である。今後の日本人は、このような時代にふさわしく自己の能力を開発しなければならない。

日本における戦後の経済的復興は世界の驚異とされている。しかし、経済的繁栄とともに一部に利己主義と享楽主義の傾向が現われている。他方、敗戦による精神的空白と精神的混乱はなお残存している。このように、物質的欲望の増大だけがあって精神的理想の欠けた状態がもし長く続くならば、長期の経済的繁栄も人間生活の真の向上も期待することはできない。

日本の工業化は人間能力の開発と同時に人間性の向上を要求する。けだし、人間性の向上なくしては人間能力の開発はその基盤を失うし、人間を単に生産手段の一つとする結果になるからである。

この際、日本国憲法および教育基本法が、平和国家、民主国家、福祉国家、文化国家という国家理想を掲げている意味を改めて考えてみなければならない。福祉国家となるためには、人間能力の開発によって経済的に豊かになると同時に、人間性の向上によって精神的、道徳的にも豊かにならなければならない。また、文化国家となるためには、高い学問と芸術とをもち、それらが人間の教養として広く生活文化の中に浸透するようにならなければならない。

これらは、いずれも、公共の施策に深く関係しているが、その基礎としては、国民ひとりひとりの自覚がたいせつである。

人間性の向上と人間能力の開発、これが当面要請される第１の点である。

2　今日の国際情勢と第２の要請

以上は現代社会に共通する課題であるが、今日の日本人には特殊な事情が認められる。第２次世界大戦の結果、日本の国家と社会のあり方および日本人の思考法に重大な変革がもたらされた。戦後新しい理想が掲げられはしたものの、とかくそれは抽象論にとどまり、その理想実現のために配慮すべき具体的方策の検討はなおじゅうぶんではない。とくに敗戦の悲惨な事実は、過去の日本および日本人のあり方がことごとく誤ったものであったかのような錯覚を起こさせ、日本の歴史および日本人の国民性は無視されがちであった。そのため新しい理想が掲げられはしても、それが定着すべき日本人の精神的風土のもつ意義はそれほど留意されていないし、日本民族が持ち続けてきた特色さえ無視されがちである。

日本および日本人の過去には改められるべき点も少なくない。しかし、そこには継承され、発展させられるべきすぐれた点も数多くある。もし日本人の欠点のみを指摘し、それを除去するのに急であって、その長所を伸ばす心がけがないならば、日本人の精神的風土にふさわしい形で新たな理想を実現することはできないであろう。われわれは日本人であることを忘れてはならない。

今日の世界は文化的にも政治的にも一種の危機の状態にある。たとえば、平和ということばの異なった解釈、民主主義についての相対立する理解の並存にそれが示されている。

戦後の日本人の目は世界に開かれたという。しかしその見るところは、とかく一方に偏しがちである。世界政治と世界経済の中におかれている今日の日本人は、じゅうぶんに目を世界に見開き、その複雑な情勢に対処することができなければならない。日本は西と東、北と南の対立の間にある。日本人は世界に通用する日本人となるべきである。しかしそのことは、日本を忘れた世界人であることを意味するのではない。日本の使命を自覚した世界人であることがたいせつなのである。真によき日本人であることによって、われわれは、はじめて真の世界人となることができる。単に抽象的、観念的な世界人というものは存在しない。

ここから、世界に開かれた日本人であることという第２の要請が現われる。

今日の世界は必ずしも安定した姿を示していない。局地的にはいろいろな紛争があり、拡大化するおそれもなしとしない。われわれは、それに冷静に対処できる知恵と勇気をもつとともに世界的な法の秩序の確立に努めなければならない。

同時に、日本は強くたくましくならなければならない。それによって日本ははじめて平和国家となることができる。もとより、ここでいう強さ、たくましさとは、人間の精神的、道徳的な強さ、たくましさを中心とする日本の自主独立に必要なすべての力を意味している。

日本は与えられる国ではなく、すでに与える国になりつつある。日本も平和を受け取るだけではなく、平和に寄与する国にならなければならない。

世界に開かれた日本人であることという第２の要請は、このような内容を含むものである。

３　日本のあり方と第３の要請

今日の日本について、なお留意しなければならない重要なことがある。戦後の日本は民主主義国家として新しく出発した。しかし民主主義の概念に混乱があり、民主主義はなおじゅうぶんに日本人の精神的風土に根をおろしていない。

それについて注意を要する一つのことがある。それは、民主主義を考えるにあたって、自主的な個人の尊厳から出発して民主主義を考えようとするものと階級闘争的な立場から出発して民主主義を考えようとするものとの対立があることである。

民主主義の史的発展を考えるならば、それが個人の法的自由を守ることから出発して、やがて大衆の経済的平等の要素を多分に含むようになった事実が指摘される。しかし民主主義の本質は、個人の自由と責任を重んじ、法的秩序を守りつつ漸進的に大衆の幸福を樹立することにあって、法的手続きを無視し一挙に理想境を実現しようとする革命主義でもなく、それと関連する全体主義でもない。性急に後者の方向にかたよるならば、個人の自由と責任、法の尊重から出発したはずの民主主義の本質は破壊されるにいたるであろう。今日の日本は、世界が自由主義国家群と全体主義国家群の二つに分かれている事情に影響され、民主主義の理解について混乱を起こしている。

また、注意を要する他の一つのことがある。由来日本人には民族共同体的な意識は強かったが、その反面、少数の人々を除いては、個人の自由と責任、個人の尊厳に対する自覚が乏しかった。日本の国家、社会、家庭において封建的残滓（し）と呼ばれるものがみられるのもそのためである。また日本の社会は、開かれた社会のように見えながら、そこには閉ざされた社会の一面が根強く存在している。そのことが日本人の道徳は縦の道徳であって横の道徳に欠けているとの批判を招いたのである。確固たる個人の自覚を樹立し、かつ、日本民族としての共同の責任をになうことが重要な課題の一つである。

ここから、民主主義の確立という第３の要請が現われる。

この第３の要請は、具体的には以下の諸内容を含む。

民主主義国家の確立のために何よりも必要なことは、自我の自覚である。一個の独立した人間であることである。かつての日本人は、古い封建性のため自我を失いがちであった。その封建性のわくはすでに打ち破られたが、それに代わって今日のいわゆる大衆社会と機械文明は、形こそ異なっているが、同じく真の自我を喪失させる危険を宿している。

つぎに留意されるべきことは社会的知性の開発である。由来日本人はこまやかな情緒の面においてすぐれていた。寛容と忍耐の精神にも富んでいた。豊かな知性にも欠けていない。ただその知性は社会的知性として、人間関係の面においてじゅうぶんに伸ばされていなかった。

ここで社会的知性というのは、他人と協力し他人と正しい関係にはいることによって真の自己を実現し、法の秩序を守り、よい社会生活を営むことができるような実践力をもった知性を意味する。それは他人のために尽くす精神でもある。しいられた奉仕ではなく、自発的な奉仕ができる精神である。

さらに必要なことは、民主主義国家においては多数決の原理が支配するが、その際、多数を占めるものが専横にならないことと、少数のがわにたつものが卑屈になったり、いたずらに反抗的になったりしないことである。われわれはだれも完全ではないが、だれでもそれぞれになにかの長所をもっている。お互いがその長所を出しあうことによって社会をよりよくするのが、民主主義の精神である。

以上が民主主義の確立という第3の要請の中で、とくに留意されるべき諸点である。

以上述べてきたことは、今日の日本人に対してひとしく期待されることである。世界は平和を求めて努力しているが、平和への道は長くかつ険しい。世界平和は、人類無限の道標である。国内的には経済の発展や技術文明の進歩のかげに多くの問題を蔵している。今日の青少年が歩み入る明日の世界情勢、社会情勢は、必ずしも楽観を許さない。新たな問題も起こるであろう。これに対処できる人間となることが、わけても今日の青少年に期待されるのである。

以上、要するに人間としての、また個人としての深い自覚をもち、種々の国民的、社会的問題に対処できるすぐれた知性をそなえ、かつ、世界における日本人としての確固たる自覚をもった人間になること、これが「当面する日本人の課題」である。

第2部　日本人にとくに期待されるもの

第1章　個人として

1　自由であること
2　個性を伸ばすこと
3　自己をたいせつにすること
4　強い意志をもつこと
5　畏（い）敬の念をもつこと

第2章　家庭人として

1　家庭を愛の場とすること
2　家庭をいこいの場とすること
3　家庭を教育の場とすること
4　開かれた家庭とすること

第3章　社会人として

1　仕事に打ち込むこと
2　社会福祉に寄与すること
3　創造的であること
4　社会規範を重んずること

第4章　国民として

1　正しい愛国心をもつこと
2　象徴に敬愛の念をもつこと
3　すぐれた国民性を伸ばすこと

学校教育法

（義務教育）

第二十一条　義務教育として行われる普通教育は、教育基本法（平成十八年法律第百二十号）第五条第二項に規定する目的を実現するため、次に掲げる目標を達成するよう行われるものとする。

一　学校内外における社会的活動を促進し、自主、自律及び協同の精神、規範意識、公正な判断力並びに公共の精神に基づき主体的に社会の形成に参画し、その発展に寄与する態度を養うこと。

二　学校内外における自然体験活動を促進し、生命及び自然を尊重する精神並びに環境の保全に寄与する態度を養うこと。

三　我が国と郷土の現状と歴史について、正しい理解に導き、伝統と文化を尊重し、それらをはぐくんできた我が国と郷土を愛する態度を養うとともに、進んで外国の文化の理解を通じて、他国を尊重し、国際社会の平和と発展に寄与する態度を養うこと。

四　家族と家庭の役割、生活に必要な衣、食、住、情報、産業その他の事項について基礎的な理解と技能を養うこと。

五　読書に親しませ、生活に必要な国語を正しく理解し、使用する基礎的な能力を養うこと。

六　生活に必要な数量的な関係を正しく理解し、処理する基礎的な能力を養うこと。

七　生活にかかわる自然現象について、観察及び実験を通じて、科学的に理解し、処理する基礎的な能力を養うこと。

八　健康、安全で幸福な生活のために必要な習慣を養うとともに、運動を通じて体力を養い、心身の調和的発達を図ること。

九　生活を明るく豊かにする音楽、美術、文芸その他の芸術について基礎的な理解と技能を養うこと。

十　職業についての基礎的な知識と技能、勤労を重んずる態度及び個性に応じて将来の進路を選択する能力を養うこと。

（小学校）

第二十九条　小学校は、心身の発達に応じて、義務教育として行われる普通教育のうち基礎的なものを施すことを目的とする。

第三十条　小学校における教育は、前条に規定する目的を実現するために必要な程度において第二十一条各号に掲げる目標を達成するよう行われるものとする。

2　前項の場合においては、生涯にわたり学習する基盤が培われるよう、基礎的な知識及び技能を習得させるとともに、これらを活用して課題を解決するために必要な思考力、判断力、表現力その他の能力をはぐくみ、主体的に学習に取り組む態度を養うことに、特に意を用いなければならない。

第三十一条　小学校においては、前条第一項の規定による目標の達成に資するよう、教育指導を行うに当たり、児童の体験的な学習活動、特にボランティア活動など社会奉仕体験活動、自然体験活動その他の体験活動の充実に努めるものとする。この場合において、社会教育関係団体その他の関係団体及び関係機関との連携に十分配慮しなければならない。

（中学校）

第四十五条　中学校は、小学校における教育の基礎の上に、心身の発達に応じて、義務教育として行われる普通教育を施すことを目的とする。

第四十六条　中学校における教育は、前条に規定する目的を実現するため、第二十一条各号に掲げる目標を達成するよう行われるものとする。

（特別支援教育）

第七十二条　特別支援学校は、視覚障害者、聴覚障害者、知的障害者、肢体不自由者又は病弱者（身体虚弱者を含む。以下同じ。）に対して、幼稚園、小学校、中学校又は高等学校に準ずる教育を施すとともに、障害による学習上又は生活上の困難を克服し自立を図るために必要な知識技能を授けることを目的とする。

学校教育法施行規則

（小学校）

第五十条　小学校の教育課程は、国語、社会、算数、理科、生活、音楽、図画工作、家庭、体育及び外国語の各教科（以下この節において「各教科」という。）、特別の教科である道徳、外国語活動、総合的な学習の時間並びに特別活動によつて編成するものとする。

２　私立の小学校の教育課程を編成する場合は、前項の規定にかかわらず、宗教を加えることができる。この場合においては、宗教をもつて前項の特別の教科である道徳に代えることができる。

第五十二条　小学校の教育課程については、この節に定めるもののほか、教育課程の基準として文部科学大臣が別に公示する小学校学習指導要領によるものとする。

（中学校）

第七十二条　中学校の教育課程は、国語、社会、数学、理科、音楽、美術、保健体育、技術・家庭及び外国語の各教科（以下本章及び第七章中「各教科」という。）、特別の教科である道徳、総合的な学習の時間並びに特別活動によつて編成するものとする。

第七十四条　中学校の教育課程については、この章に定めるもののほか、教育課程の基準として文部科学大臣が別に公示する中学校学習指導要領によるものとする。

（特別支援教育）

第百三十八条　小学校、中学校若しくは義務教育学校又は中等教育学校の前期課程における特別支援学級に係る教育課程については、特に必要がある場合は、第五十条第一項（第七十九条の六第一項において準用する場合を含む。）、第五十一条、第五十二条（第七十九条の六第一項において準用する場合を含む。）、第五十二条の三、第七十二条（第七十九条の六第二項及び第百八条第一項において準用する場合を含む。）、第七十三条、第七十四条（第七十九条の六第二項及び第百八条第一項において準用する場合を含む。）、第七十四条の三、第七十六条、第七十九条の五（第七十九条の十二において準用する場合を含む。）及び第百七条（第百十七条において準用する場合を含む。）の規定にかかわらず、特別の教育課程によることができる。

第百四十条　小学校、中学校、義務教育学校、高等学校又は中等教育学校において、次の各号のいずれかに該当する児童又は生徒（特別支援学級の児童及び生徒を除く。）のうち当該障害に応じた特別の指導を行う必要があるものを教育する場合には、文部科学大臣が別に定めるところにより、第五十条第一項（第七十九条の六第一項において準用する場合を含む。）、第五十一条、第五十二条（第七十九条の六第一項において準用する場合を含む。）、第五十二条の三、第七十二条（第七十九条の六第二項及び第百八条第一項において準用する場合を含む。）、第七十三条、第七十四条（第七十九条の六第二項及び第百八条第一項において準用する場合を含む。）、第七十四条の三、第七十六条、第七十九条の五（第七十九条の十二において準用する場合を含む。）、第八十三条及び第八十四条（第百八条第二項において準用する場合を含む。）並びに第百七条（第百十七条において準用する場合を含む。）の規定にかかわらず、特別の教育課程によることができる。

一　言語障害者

二　自閉症者

三　情緒障害者

四　弱視者

五　難聴者

六　学習障害者

七　注意欠陥多動性障害者

八　その他障害のある者で、この条の規定により特別の教育課程による教育を行うことが適当なもの

21世紀における新しい教師像

〈今後特に求められる資質能力等〉

1．いつの時代にも求められる資質能力

教育者としての使命感、人間の成長・発達についての深い理解、幼児・児童・生徒に対する教育的愛情、教科等に関する専門的知識、広く豊かな教養、これらを基盤とした実践的指導力等

2．今後特に求められる資質能力

地球的視野に立って行動するための資質能力（地球、国家、人間等に関する適切な理解、豊かな人間性、国際社会で必要とされる基本的資質能力）、変化の時代を生きる社会人に求められる資質能力（課題探求能力等に関わるもの、人間関係に関わるもの、社会の変化に適応するための知識及び技術）、教員の職務から必然的に求められる資質能力（幼児・児童・生徒や教育の在り方に関する適切な理解、教職に対する愛着、誇り、一体感、教科指導、生徒指導等のための知識、技能及び態度）

3．得意分野を持つ個性豊かな教員

画一的な教員像を求めることは避け、生涯にわたり資質能力の向上を図るという前提に立って、全教員に共通に求められる基礎的・基本的な資質能力を確保するとともに、積極的に各人の得意分野づくりや個性の伸長を図ることが大切であること

（平成９年７月28日教育職員養成審議会第一次答申）

〈優れた教師の条件〉

1．教職に対する強い情熱
教師の仕事に対する使命感や誇り、子どもに対する愛情や責任感など
2．教育の専門家としての確かな力量
子ども理解力、児童・生徒指導力、集団指導の力、学級づくりの力、学習指導・授業づくりの力、教材解釈の力など
3．総合的な人間力
豊かな人間性や社会性、常識と教養、礼儀作法をはじめ対人関係能力、コミュニケーション能力などの人格的資質、教職員全体と同僚として協力していくこと

（平成17年10月26日中央教育審議会答申「新しい時代の義務教育を創造する」）

〈これからの教員に求められる資質能力〉

（ⅰ）教職に対する責任感、探究力、教職生活全体を通じて自主的に学び続ける力（使命感や責任感、教育的愛情）
（ⅱ）専門職としての高度な知識・技能・教科や教職に関する高度な専門的知識（グローバル化、情報化、特別支援教育その他の新たな課題に対応できる知識・技能を含む）・新たな学びを展開できる実践的指導力（基礎的・基本的な知識・技能の習得に加えて思考力・判断力・表現力等を育成するため、知識・技能を活用する学習活動や課題探究型の学習、協働的学びなどをデザインできる指導力）・教科指導、生徒指導、学級経営等を的確に実践できる力
（ⅲ）総合的な人間力（豊かな人間性や社会性、コミュニケーション力、同僚とチームで対応する力、地域や社会の多様な組織等と連携・協働できる力）

（平成24年８月28日中央教育審議会答申「教職生活の全体を通じた教員の資質能力の総合的な向上方策について」）

学習指導要領（抄）

第３章　教育課程の編成及び実施　第１節　小学校教育の基本と教育課程の役割

１　教育課程編成の原則（第１章第１の１）

１　各学校においては、教育基本法及び学校教育法その他の法令並びにこの章以下に示すところに従い、児童の人間として調和のとれた育成を目指し、児童の心身の発達の段階や特性及び学校や地域の実態を十分考慮して、適切な教育課程を編成するものとし、これらに掲げる目標を達成するよう教育を行うものとする。

第３章　教育課程の編成及び実施　第１節　中学校教育の基本と教育課程の役割

１　教育課程編成の原則（第１章第１の１）

１　各学校においては、教育基本法及び学校教育法その他の法令並びにこの章以下に示すところに従い、生徒の人間として調和のとれた育成を目指し、生徒の心身の発達の段階や特性及び学校や地域の実態を十分考慮して、適切な教育課程を編成するものとし、これらに掲げる目標を達成するよう教育を行うものとする。

第３章　教育課程の編成及び実施　第１節　高等学校教育の基本と教育課程の役割

１　教育課程編成の原則（第１章総則第１款１）

１　各学校においては、教育基本法及び学校教育法その他の法令並びにこの章以下に示すところに従い、生徒の人間として調和のとれた育成を目指し、生徒の心身の発達の段階や特性等、課程や学科の特色及び学校や地域の実態を十分考慮して、適切な教育課程を編成するものとし、これらに掲げる目標を達成するよう教育を行うものとする。

カリキュラム・マネジメント

「小学校学習指導要領」

4　カリキュラム・マネジメントの充実（第1章第1の4）

> 4　各学校においては、児童や学校、地域の実態を適切に把握し、教育の目的や目標の実現に必要な教育の内容等を教科等横断的な視点で組み立てていくこと、教育課程の実施状況を評価してその改善を図っていくこと、教育課程の実施に必要な人的又は物的な体制を確保するとともにその改善を図っていくことなどを通して、教育課程に基づき組織的かつ計画的に各学校の教育活動の質の向上を図っていくこと（以下「カリキュラム・マネジメント」という。）に努めるものとする。

「中学校学習指導要領」

4　カリキュラム・マネジメントの充実（第1章第1の4）

> 4　各学校においては、生徒や学校、地域の実態を適切に把握し、教育の目的や目標の実現に必要な教育の内容等を教科等横断的な視点で組み立てていくこと、教育課程の実施状況を評価してその改善を図っていくこと、教育課程の実施に必要な人的又は物的な体制を確保するとともにその改善を図っていくことなどを通して、教育課程に基づき組織的かつ計画的に各学校の教育活動の質の向上を図っていくこと（以下「カリキュラム・マネジメント」という。）に努めるものとする。

「高等学校学習指導要領」

5　カリキュラム・マネジメントの充実（第1章総則第1款5）

5　各学校においては、生徒や学校、地域の実態を適切に把握し、教育の目的や目標の実現に必要な教育の内容等を教科等横断的な視点で組み立てていくこと、教育課程の 実施状況を評価してその改善を図っていくこと、教育課程の実施に必要な人的又は物的な体制を確保するとともにその改善を図っていくことなどを通して、教育課程に基づき組織的かつ計画的に各学校の教育活動の質の向上を図っていくこと（以下「カリ キュラム・マネジメント」という。）に努めるものとする。

付　　録

「令和の日本型学校教育」を担う教師の在り方
特別部会中間まとめ（概要）

「令和の日本型学校教育」の構築を目指して（概要）

「社会に開かれた教育課程」の実現のためのコミュニティ・スクールと
地域学校協働活動の一体的推進

（文部科学省 HP より）

中央教育審議会 「令和の日本型学校教育」を担う教師の在り方特別部会 中間まとめ 概要

令和４年１０月５日

第Ⅰ部 総論

経緯
中教審答申「令和の日本型学校教育」の構築を目指して（令和３年１月）：今後更に検討を要する事項
「個別最適な学びと協働的な学びによる「令和の日本型学校教育」を実現するための、教職員の養成・採用・研修等の在り方」

＞ **令和３年３月 「令和の日本型学校教育」を担う教師の養成・採用・研修等の在り方について」（諮問）**

１．令和3年答申で示された、「令和の日本型学校教育」を担う教師及び教職員集団の姿

・変化を前向きに受け止め、**教職生涯を通じて学び続ける** ・子供一人一人の**学びを最大限に引き出す**役割を果たす ・子供の**主体的な学びを支援する伴走者**としての能力も備えている
・**多様な人材の教育界内外からの確保**や、**教師の資質・能力**の向上により、質の高い教職員集団を実現する ・**多様な外部人材や専門スタッフ等**とがチームとして力を発揮する
・**教師が創造的で魅力ある仕事であることが再認識**され、教師自身も志気を高め、誇りを持って働くことができる

２．子供たちの多様化と社会の変化

- 「日本型学校教育」は**国際的に高く評価**される一方、**教師の長時間勤務**が課題
- 子供たちの多様化（**特別支援、外国人児童生徒、特定分野に特異な才能のある児童生徒**など）
- Society5.0時代の到来、**高校における共通必修科目「情報Ⅰ」の開始**
- **臨時的任用教員等が確保できない「教師不足」問題**の発生

これまでの取組
- 新学習指導要領の実施
- 小学校35人学級、高学年教科担任制
- GIGAスクール
- 学校の働き方改革　等

他の会議体からの提言・要請
- 経済財政諮問会議
- 規制改革推進会議
- 内閣府CSTI
- 教育未来創造会議

３．教師の養成、免許、採用、研修に関する制度及び実態

養成 教員養成学部・学科のほか中・高・特支等については他の学科でも教職課程が開設可能

- ○ 教職課程では、教科の専門的事項や指導法、教育の基礎的理解などの単位の修得が必要
- ○ **2～4週間程度の教育実習が必須**。ただし、一部の単位は学校体験活動で代替可能
- ○ 国立教員養成大学・学部数は45、定員は11,021人、**教員就職率は65.2%**
- ○ 小学校の教職課程を有する**私立大学は10年で3割増**

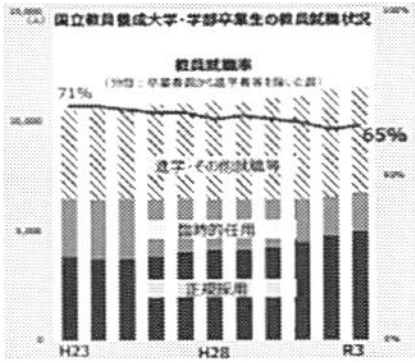

免許 原則、都道府県教育委員会が授与

- ○ **普通免許状**（教職課程を経て授与）のほか、**特別免許状**（教科の専門的な知識経験・技能と社会的信望・熱意と識見を有する者に授与）、**臨時免許状**（普通免許状を有する者を採用できない場合に限定、有効期限3年）の3種類が存在。
- ○ **普通免許状**の授与件数は、**中高で減少、小学校で横ばい、特別支援学校で増加**
- ○ **特別免許状**の授与件数は増加。**一方で絶対数は少ない**。学校種では高校、教科では、英語・看護等に集中

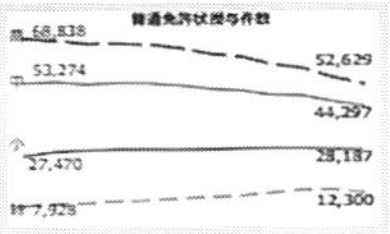

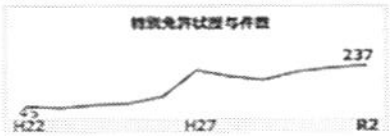

採用 公立の場合、任命権者たる教育委員会が採用（小中は都道府県・政令市）

- ○ **採用倍率低下**（大量退職や特別支援学級の急増を反映した採用増と、既卒受験者層の減少）
- ○ 年齢構成は地域・学校種で大きく異なる。**一部地域の小学校**では、大量退職・採用のピークが過ぎ、既に**若年層の占める割合が高い**
- ○ **新卒受験者数は、小学校は微増、中学・高校は減少**
- ○ **臨時的任用教員等が不足する「教師不足」**が発生
- ○ **民間企業等経験者の割合は約4%**

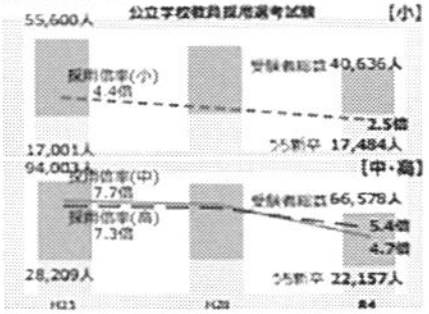

研修 公立の場合、研修実施者たる教育委員会が実施（小中は都道府県・政令市・中核市）

- ○ 任命権者が、国が定める指針を参酌しつつ**教員育成指標を策定**し、それに基づく**体系的な教員研修計画を策定**。研修実施者は、計画に基づき研修を実施（平成28年の教特法改正により導入）
- ○ 教員育成指標の策定や教員育成指標に基づく校長及び教員の資質の向上というテーマについての協議を行うための**協議会**を、**任命権者や関係大学等を構成員として組織**

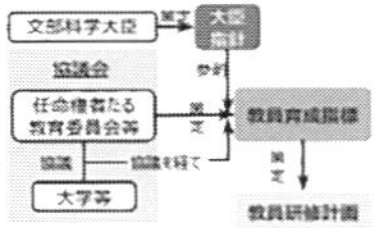

４．今後の改革の方向性

「新たな教師の学びの姿」の実現

- 子供たちの学び（授業観・学習観）とともに**教師自身の学び（研修観）を転換し、「新たな教師の学びの姿」**（個別最適な学び、協働的な学びの充実を通じた、「主体的・対話的で深い学び」）を実現
- 養成段階を含めた教職生活を通じた学びにおける、**「理論と実践の往還」の実現**（理論知（学問知）と実践知などの「二項対立」の陥穽に陥らない）

多様な専門性を有する質の高い教職員集団の形成

- **教師一人一人の専門性の向上**と、**多様な専門性・背景を有する人材の取り込み**により、**教職員集団の多様性を確保**し、学校組織のレジリエンス（復元力、立ち直る力）の向上
- 学校管理職のリーダーシップの下、**心理的安全性を確保**し、教職員の**多様性を配慮したマネジメント**の実現
- **「学校の働き方改革」**の推進

教職志望者の多様化や、教師のライフサイクルの変化を踏まえた育成と、安定的な確保

- 多様な教職志望者へ対応するため**教職課程の柔軟性の向上**
- 産休・育休取得者の増加、定年延長など**教師のライフサイクルの変化を前向きに捉え、採用や配置等を工夫**

総論に示す３つの方向性（「新たな教師の学びの姿」の実現、多様な専門性を有する質の高い教職員集団の形成、教職志望者の多様化等を踏まえた育成・安定的確保）**を踏まえ、以下の改革を実施**　第Ⅱ部 各論

１．「令和の日本型学校教育」を担う新たな教師像と教師に求められる資質能力

教師に求められる資質能力の再整理　研修

- 「大臣指針」において、教師に共通的に求められる資質能力の柱を、①**教職に必要な素養** ②**学習指導** ③**生徒指導** ④**特別な配慮や支援を必要とする子供への対応** ⑤**ICTや情報・教育データの利活用**の5項目に再整理
- 任命権者において、指針を参酌しながら、**教員育成指標の変更など必要な見直しを実施**
- 教職課程では、既に④に対応した科目は令和元年度、⑤に対応した科目は令和4年度から必須単位化）。今後、自己点検評価の中で、上記の資質能力を身に付けられるか確認　養成

理論と実践の往還を重視した教職課程への転換　養成

- 「教育実習」等の在り方の見直し（**履修形式の柔軟化等**）
- 「**学校体験活動**」の積極的な活用（学習指導員、放課後児童クラブやNPO等での課題を抱える子供たちへの支援等も含む）
- 「教員養成フラッグシップ大学」における**先導的・革新的な教職科目の研究・開発**等
- 特別支援教育の充実に資する「介護等の体験」の活用等（特別支援学校・学級、通級指導など）

２．多様な専門性を有する質の高い教職員集団の形成

教職課程における多様な専門性を有する教師の養成　養成

- **強みや専門性**（データ活用、STEAM教育、障害児発達支援、日本語指導、心理、福祉、社会教育、語学力、グローバル感覚など）**を身に付ける活動との両立**のため、**四年制大学において最短２年間で必要資格が得られる教職課程の特例的な開設・履修モデルの設定**
- **小学校の専科指導優先実施教科**（外国語、理科、算数、体育）に相当する**中学校教員養成課程を開設する学科等において、小学校教員養成課程の設置を可能とする**
- 中学校二種免許状等における「教科に関する専門的事項」の必要科目の見直し

優れた人材を確保できる教員採用等の在り方の検討　採用

- **教員採用選考試験の早期化・複線化**を含めた多様な入職スケジュールに関し国・任命権者の連携により検討（７月に１次試験、８月に２次試験、９～10月に合格発表・採用内定が一般的）
- **特定の強みや専門性を有する者に対する特別採用選考試験**等の実施

多様な専門性や背景を持つ人材を教師として取り入れるための方策

- 特別免許状に関する運用の見直し（**授与基準や手続の周知**、特別免許状保有者が、他校種の特別免許状の授与を受ける際の基準等の明確化）　免許
- **任命権者における特別免許状を活用した特別採用選考試験**の実施促進（特別免許状等を活用した入職支援）　採用
- **特別免許状による採用者を対象とした研修の実施・支援**　研修
- **教員資格認定試験の拡大等**（高校「情報」の実施、中学校等免許取得者の小学校試験の一部免除の検討）　免許

校長等の管理職の育成及び求められる資質能力の明確化・計画的な育成　研修

- 「大臣指針」の改正により、校長の資質能力（マネジメント能力、アセスメント、ファシリテーション）を示すとともに、各任命権者が、教師とは別に、**校長に関する独自の育成指標を策定**することを明記。新任校長等を対象とした研修の充実など、校長自身の学びを支援

３．教員免許の在り方

教員免許更新制の発展的解消及び教員研修の高度化　免許　研修

- 審議まとめ（令和3年11月）において、**教員免許更新制の発展的解消**を提言。令和4年5月に教育職員免許法が改正され、7月1日より実施。
- **研修履歴を活用した資質向上に関する指導助言等の仕組み**により、教師の「個別最適な学び」、「協働的な学び」を充実させ、「**新たな教師の学びの姿」を実現**。
- 教師の資質向上に関する「**大臣指針」を改正**、「**対話と奨励のガイドライン」を策定**

義務教育9年間を見通した教員免許の在り方を踏まえた方策　免許　養成

- 小学校教諭と中学校教諭の**両免併有の促進**
  - 教職課程における義務教育特例の新設【制度改正済】
  - 専科指導優先実施教科の小学校教員養成課程の設置の拡大等（再掲）
  - 教員資格認定試験における中学校等免許保有者の小学校試験の一部免除等（再掲）
  - 他校種の免許状を取得する際に必要な最低勤務年数の算入対象の拡大【制度改正済】

４．教員養成大学・学部、教職大学院の在り方

教員養成大学・学部、教職大学院の高度化・機能強化　養成　採用　研修

- **学部と教職大学院との連携・接続の強化・実質化**（教職大学院進学希望者対象コースの設定、先取り履修を踏まえた教職大学院の在学年限短縮等）
- **教育委員会と大学の連携強化**（教員育成協議会における協議の活性化、教委等との人事交流の推進、教委と連携・協働した研修プログラム等の展開等）
- 教師養成に係る**理論と実践の往還を重視した人材育成の好循環**の実現（教職大学院の学びを生かしたキャリアパスの確立、教員養成学部における実務家教員登用に係る具体的な基準設定・FDの充実等）
- **教員就職率の向上、組織体制の見直し**（養成段階における教員就職率向上のための取組、教委と連携した地域課題解決に対応したカリキュラムの構築等、定員の見直し・大学間連携・統合に係る検討等）

５．教師を支える環境整備

学びの振り返りを支援する仕組みの構築　研修

- 「**研修履歴記録システム**」及び「**プラットフォーム**（教委・大学・民間等が提供する研修コンテンツを一元的に収集・整理・提供するシステム）」**の一体的構築**
- 教育委員会・学校管理職は、**研修履歴の記録・管理を自己目的化しない**意識が必要
- **喫緊の教育課題に対応したオンライン研修コンテンツ**の充実

多様な働き方等教師を支える環境整備

- **失効・休眠免許保持者の円滑な入職の促進**（再授与手続き簡素化、ペーパーティーチャー等への研修）
- **働き方改革の一層の推進**（教職員定数の改善、支援スタッフの充実、学校DXの推進、コミュニティ・スクールと地域学校協働活動の一体的な推進等）、勤務実態調査の結果を踏まえた教師の処遇の在り方の検討

「令和の日本型学校教育」の構築を目指して
～全ての子供たちの可能性を引き出す，個別最適な学びと，協働的な学びの実現～(答申)【概要】

令和３年１月２６日
中央教育審議会

第Ⅰ部 総論

１．急激に変化する時代の中で育むべき資質・能力

- 社会の在り方が劇的に変わる「Society5.0時代」の到来
- 新型コロナウイルスの感染拡大など先行き不透明な「予測困難な時代」

新学習指導要領の着実な実施

ＩＣＴの活用

一人一人の児童生徒が，自分のよさや可能性を認識するとともに，あらゆる他者を価値のある存在として尊重し，多様な人々と協働しながら様々な社会的変化を乗り越え，豊かな人生を切り拓き，持続可能な社会の創り手となることができるようにすることが必要

２．日本型学校教育の成り立ちと成果，直面する課題と新たな動きについて

成 果

- 学校が学習指導のみならず，生徒指導の面でも主要な役割を担い，児童生徒の状況を総合的に把握して教師が指導を行うことで，子供たちの知・徳・体を一体で育む「日本型学校教育」は，諸外国から高い評価
- 新型コロナウイルス感染症の感染拡大防止のため，全国的に学校の臨時休業措置が取られたことにより再認識された学校の役割
  ①学習機会と学力の保障　②全人的な発達・成長の保障　③身体的，精神的な健康の保障（安全・安心につながることができる居場所・セーフティネット）

課 題

子供たちの意欲・関心・学習習慣等や，高い意欲や能力をもった教師やそれを支える職員の力により成果を挙げる一方，変化する社会の中で以下の課題に直面

- 本来であれば家庭や地域でなすべきことまでが学校に委ねられることになり，結果として学校及び教師が担うべき業務の範囲が拡大され，その負担が増大
- 子供たちの多様化（特別支援教育を受ける児童生徒や外国人児童生徒等の増加，貧困，いじめの重大事態や不登校児童生徒数の増加等）
- 生徒の学習意欲の低下
- 教師の長時間勤務による疲弊や教員採用倍率の低下，教師不足の深刻化
- 学習場面におけるデジタルデバイスの使用が低調であるなど，加速度的に進展する情報化への対応の遅れ
- 少子高齢化，人口減少による学校教育の維持とその質の保証に向けた取組の必要性
- 新型コロナウイルス感染症の感染防止策と学校教育活動の両立，今後起こり得る新たな感染症への備えとしての教室環境や指導体制等の整備

教育振興基本計画の理念（自立・協働・創造）の継承

学校における働き方改革の推進

GIGAスクール構想の実現

新学習指導要領の着実な実施

必要な改革を躊躇なく進めることで，従来の日本型学校教育を発展させ，「令和の日本型学校教育」を実現

1

3．2020年代を通じて実現すべき「令和の日本型学校教育」の姿

①個別最適な学び（「個に応じた指導」（指導の個別化と学習の個性化）を学習者の視点から整理した概念）

◆ **新学習指導要領では，「個に応じた指導」を一層重視**し，**指導方法や指導体制の工夫改善により，「個に応じた指導」の充実を図る**とともに，コンピュータや情報通信ネットワークなどの**情報手段を活用するために必要な環境を整えること**が示されており，これらを適切に活用した学習活動の充実を図ることが必要

◆ GIGAスクール構想の実現による新たな**ICT環境の活用，少人数によるきめ細かな指導体制の整備を進め，「個に応じた指導」を充実していくことが重要**

◆ その際，**「主体的・対話的で深い学び」を実現**し，学びの動機付けや幅広い資質・能力の育成に向けた効果的な取組を展開し，**個々の家庭の経済事情等に左右されることなく，子供たちに必要な力を育む**

指導の個別化

- 基礎的・基本的な知識・技能等を確実に習得させ，思考力・判断力・表現力等や，自ら学習を調整しながら粘り強く学習に取り組む態度等を育成するため，
  - ・支援が必要な子供により重点的な指導を行うことなど効果的な指導を実現
  - ・特性や学習進度等に応じ，指導方法・教材等の柔軟な提供・設定を行う

学習の個性化

- 基礎的・基本的な知識・技能等や情報活用能力等の学習の基盤となる資質・能力等を土台として，子供の興味・関心等に応じ，一人一人に応じた学習活動や学習課題に取り組む機会を提供することで，子供自身が学習が最適となるよう調整する

◆ 「個別最適な学び」が進められるよう，これまで以上に**子供の成長やつまずき，悩みなどの理解に努め，個々の興味・関心・意欲等を踏まえてきめ細かく指導・支援**することや，**子供が自らの学習の状況を把握し，主体的に学習を調整することができるよう促していく**ことが求められる

◆ その際，ICTの活用により，**学習履歴（スタディ・ログ）や生徒指導上のデータ，健康診断情報等を利活用**することや，**教師の負担を軽減**することが重要

それぞれの学びを一体的に充実し
「主体的・対話的で深い学び」の実現に向けた授業改善につなげる

②協働的な学び

「個別最適な学び」が「孤立した学び」に陥らないよう，**探究的な学習や体験活動等を通じ，子供同士で，あるいは多様な他者と協働**しながら，他者を価値ある存在として尊重し，様々な社会的な変化を乗り越え，持続可能な社会の創り手となることができるよう，必要な資質・能力を育成する「協働的な学び」を充実することも重要

集団の中で個が埋没してしまうことのないよう，**一人一人のよい点や可能性を生かすことで，異なる考え方が組み合わさり，よりよい学びを生み出す**

- 知・徳・体を一体的に育むためには，教師と子供，子供同士の関わり合い，自分の感覚や行為を通して理解する実習・実験，地域社会での体験活動など，様々な場面でリアルな体験を通じて学ぶことの重要性が，AI技術が高度に発達するSociety5.0時代にこそ一層高まる
- 同一学年・学級はもとより，異学年間の学びや，ICTの活用による空間的・時間的制約を超えた他の学校の子供等との学び合いも大切

2

子供の学び

幼児教育

- 小学校との円滑な接続，質の評価を通じたPDCAサイクルの構築等により，質の高い教育を提供
- 身近な環境に主体的に関わり様々な活動を楽しむ中で達成感を味わいながら，全ての幼児が健やかに育つことができる

義務教育

- 新たなICT環境や先端技術の活用等による学習の基盤となる資質・能力の確実な育成，多様な児童生徒一人一人の興味・関心等に応じ意欲を高めやりたいことを深められる学びの提供
- 学校ならではの児童生徒同士の学び合い，多様な他者と協働した探究的な学びなどを通じ，地域の構成員の一人や主権者としての意識を育成
- 生活や学びにわたる課題(虐待等)の早期発見等による安全・安心な学び

高等学校教育

- 社会的・職業的自立に向けて必要な基盤となる資質・能力や，社会の形成に主体的に参画するための資質・能力が育まれる
- 地方公共団体，企業，高等教育機関，国際機関，NPO等の多様な関係機関との連携・協働による地域・社会の課題解決に向けた学び
- 多様な生徒一人一人に応じた探究的な学びや，STEAM教育など実社会での課題解決に生かしていくための教科等横断的な学び

特別支援教育

- 全ての教育段階において，インクルーシブ教育システムの理念を構築することを旨として行われ，全ての子供たちが適切な教育を受けられる環境整備
- 障害のある子供とない子供が可能な限りともに教育を受けられる条件整備
- 障害のある子供の自立と社会参加を見据え，通常の学級，通級による指導，特別支援学級，特別支援学校といった連続性のある多様な学びの場の一層の充実・整備

教職員の姿

- 学校教育を取り巻く環境の変化を前向きに受け止め，教職生涯を通じて学び続け，子供一人一人の学びを最大限に引き出し，主体的な学びを支援する伴走者としての役割を果たしている
- 多様な人材の確保や教師の資質・能力の向上により質の高い教職員集団が実現し，多様なスタッフ等とチームとなり，校長のリーダーシップの下，家庭や地域と連携しつつ学校が運営されている
- 働き方改革の実現や教職の魅力発信，新時代の学びを支える環境整備により教師が創造的で魅力ある仕事であることが再認識され，志望者が増加し，教師自身も志気を高め，誇りを持って働くことができている

子供の学びや教職員を支える環境

- 小中高における１人１台端末環境の実現，デジタル教科書等の先端技術や教育データを活用できる環境の整備等による指導・支援の充実，校務の効率化，教育政策の改善・充実等
- ICTの活用環境と少人数によるきめ細かな指導体制の整備，学校施設の整備等による新しい時代の学びを支える学校教育の環境整備
- 小中連携，学校施設の複合化・共用化等の促進を通じた魅力的な教育環境の実現

4．「令和の日本型学校教育」の構築に向けた今後の方向性

◆ 全ての子供たちの知・徳・体を一体的に育むため，これまで日本型学校教育が果たしてきた，**①学習機会と学力の保障**，**②社会の形成者としての全人的な発達・成長の保障**，**③安全安心な居場所・セーフティネットとしての身体的，精神的な健康の保障**を学校教育の本質的な役割として重視し，継承していく
◆ 教職員定数，専門スタッフの拡充等の**人的資源**，ICT環境や学校施設の整備等の**物的資源を十分に供給・支援することが国に求められる役割**
◆ 学校だけでなく**地域住民等と連携・協働**し，学校と地域が相互にパートナーとして一体となって子供たちの成長を支えていく
◆ 一斉授業か個別学習か，履修主義か修得主義か，デジタルかアナログか，遠隔・オンラインか対面・オフラインかといった**「二項対立」の陥穽に陥らず**，教育の質の向上のために，発達の段階や学習場面等により，**どちらの良さも適切に組み合わせて生かしていく**
◆ **教育政策のPDCAサイクルの着実な推進**

全ての子供たちの可能性を引き出す，個別最適な学びと，協働的な学びの実現のための改革の方向性

（1）学校教育の質と多様性，包摂性を高め，教育の機会均等を実現する

- 子供たちの資質・能力をより一層確実に育むため，基礎学力を保障してその才能を十分に伸ばし，社会性等を育むことができるよう，学校教育の質を高める
- 学校に十分な人的配置を実現し，１人１台端末や先端技術を活用しつつ，多様化する子供たちに対応して個別最適な学びを実現しながら，学校の多様性と包摂性を高める
- ICTの活用や関係機関との連携を含め，学校教育に馴染めないでいる子供に対して実質的に学びの機会を保障するとともに，地理的条件に関わらず，教育の質と機会均等を確保

（2）連携・分担による学校マネジメントを実現する

- 校長を中心に学校組織のマネジメント力の強化を図るとともに，学校内外との関係で「連携と分担」による学校マネジメントを実現
- 外部人材や専門スタッフ等，多様な人材が指導に携わることのできる学校の実現，事務職員の校務運営への参画機会の拡大，教師同士の役割の適切な分担
- 学校・家庭・地域がそれぞれの役割と責任を果たし，相互に連携・協働して，地域全体で子供たちの成長を支えていく環境を整備
- カリキュラム・マネジメントを進めつつ，学校が家庭や地域社会と連携し，社会とつながる協働的な学びを実現

（3）これまでの実践とICTとの最適な組合せを実現する

- ICTや先端技術の効果的な活用により，新学習指導要領の着実な実施，個別に最適な学びや支援，可視化が難しかった学びの知見の共有等が可能
- GIGAスクール構想の実現を最大限生かし，教師が対面指導と遠隔・オンライン教育とを使いこなす（ハイブリッド化）ことで，様々な課題を解決し，教育の質を向上
- 教師による対面指導や子供同士による学び合い，多様な体験活動の重要性が一層高まる中で，ICTを活用しながら協働的な学びを実現し，多様な他者とともに問題発見・解決に挑む資質・能力を育成

（4）履修主義・修得主義等を適切に組み合わせる

- 修得主義や課程主義は，個人の学習状況に着目するため，個に応じた指導等に対する寛容さ等の特徴があるが，集団としての教育の在り方が問われる面は少ない
- 履修主義や年齢主義は，集団に対し，ある一定の期間をかけて共通に教育を行う性格を有し，一定の期間の中で，個々人の成長に必要な時間のかかり方を多様に許容し包含する一方，過度の同調性や画一性をもたらす可能性
- 義務教育段階においては，進級や卒業の要件としては年齢主義を基本としつつも，教育課程の履修を判断する基準としては履修主義と修得主義の考え方を適切に組み合わせ，「個別最適な学び」及び「協働的な学び」との関係も踏まえつつ，それぞれの長所を取り入れる
- 高等学校教育においては，その特質を踏まえた教育課程の在り方を検討
- これまで以上に多様性を尊重，ICT等も活用しつつカリキュラム・マネジメントを充実

（5）感染症や災害の発生等を乗り越えて学びを保障する

- 今般の新型コロナウイルス感染症対応の経験を踏まえ，新たな感染症や災害の発生等の緊急事態であっても必要な教育活動の継続
- 「新しい生活様式」も踏まえ，子供の健康に対する意識の向上，衛生環境の整備や，新しい時代の教室環境に応じた指導体制，必要な施設・設備の整備
- 臨時休業時等であっても，関係機関等との連携を図りつつ，子供たちと学校との関係を継続し，心のケアや虐待の防止を図り，子供たちの学びを保障する
- 感染症に対する差別や偏見，誹謗中傷等を許さない
- 首長部局や保護者，地域と連携・協働しつつ，率先して課題に取り組み，学校を支援する教育委員会の在り方について検討

（6）社会構造の変化の中で，持続的で魅力ある学校教育を実現する

- 少子高齢化や人口減少等で社会構造が変化する中，学校教育の持続可能性を確保しつつ魅力ある学校教育の実現に向け，必要な制度改正や運用改善を実施
- 魅力的で質の高い学校教育を地方においても実現するため，高齢者を含む多様な地域の人材が学校教育に関わるとともに，学校の配置や施設の維持管理，学校間連携の在り方を検討

4

5．「令和の日本型学校教育」の構築に向けたICTの活用に関する基本的な考え方

◆「令和の日本型学校教育」を構築し，全ての子供たちの可能性を引き出す，個別最適な学びと，協働的な学びを実現するためには，**ICTは必要不可欠**
◆**これまでの実践とICTとを最適に組み合わせる**ことで，**様々な課題を解決**し，**教育の質の向上**につなげていくことが必要
◆ICTを活用すること自体が目的化しないよう留意し，**PDCAサイクルを意識し，効果検証・分析を適切に行う**ことが重要であるとともに，健康面を含め，ICTが児童生徒に与える影響にも留意することが必要
◆ICTの全面的な活用により，学校の組織文化，教師に求められる資質・能力も変わっていく中で，**Society5.0時代にふさわしい学校の実現**が必要

（1）学校教育の質の向上に向けたICTの活用

- カリキュラム・マネジメントを充実させ，各教科等で育成を目指す資質・能力等を把握した上で，ICTを「主体的・対話的で深い学び」の実現に向けた授業改善に生かすとともに，従来は伸ばせなかった資質・能力の育成や，これまでできなかった学習活動の実施，家庭等学校外での学びの充実
- 端末の活用を「当たり前」のこととし，児童生徒自身がICTを自由な発想で活用するための環境整備，授業デザイン
- ICTの特性を最大限活用した，不登校や病気療養等により特別な支援が必要な児童生徒に対するきめ細かな支援，個々の才能を伸ばすための高度な学びの機会の提供等
- ICTの活用と少人数によるきめ細かな指導体制の整備を両輪とした，個別最適な学びと協働的な学びの実現

（2）ICTの活用に向けた教師の資質・能力の向上

- 養成・研修全体を通じ，教師が必要な資質・能力を身に付けられる環境の実現
- 養成段階において，学生の１人１台端末を前提とした教育を実現しつつ，ICT活用指導力の養成やデータリテラシーの向上に向けた教育の充実
- ICTを効果的に活用した指導ノウハウの迅速な収集・分析，新時代に対応した教員養成モデルの構築等，教員養成大学・学部，教職大学院のリーダーシップによるSociety5.0時代の教員養成の実現
- 国によるコンテンツ提供や都道府県等における研修の充実等による現職教師のICT活用指導力の向上，授業改善に取り組む教師のネットワーク化

（3）ICT環境整備の在り方

- GIGAスクール構想により配備される１人１台の端末は，クラウドの活用を前提としたものであるため，高速大容量ネットワークを整備し，教育情報セキュリティポリシー等でクラウドの活用を禁止せず，必要なセキュリティ対策を講じた上で活用を促進
- 義務教育段階のみならず，多様な実態を踏まえ，高等学校段階においても１人１台端末環境を実現するとともに，端末の更新に向けて丁寧に検討
- 各学校段階において端末の家庭への持ち帰りを可能とする
- デジタル教科書・教材等の普及促進や，教育データを蓄積・分析・利活用できる環境整備，ICT人材の確保，ICTによる校務効率化

各論（目次）

第Ⅱ部　各論

1．幼児教育の質の向上について

（1）基本的な考え方

- 幼児教育は，生涯にわたる人格形成の基礎を培う重要なものであり，義務教育及びその後の教育の基礎を培うことが目的
- 幼稚園，保育所，認定こども園といった各幼児教育施設においては，集団活動を通して，幼児期に育みたい資質・能力を育成する幼児教育の実践の質の向上が必要
- 教育環境の整備も含めた幼児教育の内容・方法の改善・充実や，人材の確保・資質及び専門性の向上，幼児教育推進体制の構築等を進めることが必要

（2）幼児教育の内容・方法の改善・充実

① **幼稚園教育要領等の理解推進・改善**
- 新幼稚園教育要領等の実施状況や成果等の把握，調査研究や好事例等の情報提供による教育内容や指導方法の改善・充実

② **小学校教育との円滑な接続の推進**
- 「幼児期の終わりまでに育ってほしい姿」を手掛かりに幼小の教職員の連携促進
- スタートカリキュラムを活用した幼児教育と小学校教育との接続の一層の強化

③ **教育環境の整備**
- 幼児の直接的・具体的な体験を更に豊かにするための工夫をしながらICTを活用，幼児教育施設の業務のICT化の推進
- 耐震化，衛生環境の改善等の安全対策の実施

④ **特別な配慮を必要とする幼児への支援**
- 幼児教育施設での特別支援教育の充実，関係機関・部局と連携した切れ目のない支援体制整備
- 教職員の資質向上に向けた研修プログラムの作成，指導上の留意事項の整理
- 幼児教育施設を活用した外国人幼児やその保護者に対する日本語指導，多言語での就園・就学案内等の取組の充実

（3）幼児教育を担う人材の確保・資質及び専門性の向上

① **処遇改善をはじめとした人材の確保**
- 処遇改善等の実施や，大学等と連携した新規採用，離職防止・定着，再就職の促進等の総合的な人材確保策の推進

② **研修の充実等による資質の向上**
- 各種研修の機能・位置付けを構造化し，効果的な研修を実施
- 各職階・役割に応じた研修体系の構築，キャリアステージごとの研修機会の確保

③ **教職員の専門性の向上**
- 上位の免許状の取得促進，小学校教諭免許や保育士資格の併有促進，特別な配慮を必要とする幼児への支援

（4）幼児教育の質の評価の促進

- 学校関係者評価等の実施により持続的に改善を促すPDCAサイクルを構築
- 公開保育の仕組みの学校関係者評価への活用は有効
- 幼児教育の質に関する評価の仕組みの構築に向けた手法開発・成果の普及

（5）家庭・地域における幼児教育の支援

① **保護者等に対する学習機会・情報の提供**
- 保護者等に対する相談体制の整備など，地域における家庭教育支援の充実

② **関係機関相互の連携強化**
- 幼児教育施設と教育委員会，福祉担当部局・首長部局，児童相談所等の関係機関の連携促進

③ **幼児教育施設における子育ての支援の促進**
- 親子登園，相談事業や一時預かり事業等の充実，預かり保育の質向上・支援の充実

（6）幼児教育を推進するための体制の構築等

- 地方公共団体における幼児教育センターの設置，幼児教育アドバイザーの育成・配置等による幼児教育推進体制の構築
- 幼児教育推進体制の充実・活用のための必要な支援の実施，幼児教育アドバイザー活用の推進方策の検討，好事例の収集
- 科学的・実証的な検証を通じたエビデンスに基づいた政策形成の促進

（7）新型コロナウイルス感染症への対応

- 保健・福祉等の専門職や関係機関等とスムーズに連携できる幼児教育推進体制の整備，研修等の充実等による資質等の向上
- トイレや空調設備の改修等による衛生環境の改善等の感染防止に向けた取組の推進，園務改善のためのICT化支援等教職員の勤務環境の整備

2. 9年間を見通した新時代の義務教育の在り方について

（1）基本的な考え方

● 我が国のどの地域で生まれ育っても，知・徳・体のバランスのとれた質の高い義務教育を受けられるようにすることが国の責務
● 義務教育９年間を通した教育課程，指導体制，教師の養成等の在り方について一体的に検討を進める必要
● 児童生徒が多様化し学校が様々な課題を抱える中にあっても，義務教育において決して誰一人取り残さないということを徹底

（2）教育課程の在り方

① 学力の確実な定着等の資質・能力の育成に向けた方策
・新学習指導要領で整理された資質・能力の３つの柱をバランスよく育成することが必要であり，ICT環境を最大限活用し，「個別最適な学び」と「協働的な学び」を充実していくことが重要
・児童生徒の発達の段階を考慮し，各教科等の特質を生かし，教科等横断的な視点から教育課程の編成・充実を図る
・小学校高学年への教科担任制の導入，学校段階間の連携強化，外部人材の配置や研修の導入等が必要
・発達の段階にかかわらず，児童生徒の実態を適切に捉え，その可能性を伸ばしていくことができるよう環境を整えていくことも重要
・各学校段階を通した学びに向かう力の育成，キャリア教育の充実

② 補充的・発展的な学習指導について
ア　補充的・発展的な学習指導
・指導方法等を工夫した補充的な学習や学習内容の理解を深め広げる発展的な学習を取り入れる
・必要に応じて異なる学年の内容を含めて学習指導要領に示していない内容を加えて指導
イ　特定分野に特異な才能のある児童生徒に対する指導
・知的好奇心を高める発展的な学習の充実や，学校外の学びへ児童生徒をつないでいくことなど，国内の学校での指導・支援の在り方等について，遠隔・オンライン教育も活用した実証的な研究開発を行い，更なる検討・分析を実施

③ カリキュラム・マネジメントの充実に向けた取組の推進
・各学校や地域の実態を踏まえ，教科等間のつながりを意識して教育課程を編成・実施
・各学校が持っている教育課程の編成・実施に関する裁量を明確化するとともに，総枠としての授業時数は引き続き確保した上で，教科等ごとの授業時数の配分について一定の弾力化が可能となる制度を設ける

（3）義務教育９年間を見通した教科担任制の在り方

① 小学校高学年からの教科担任制の導入（令和４(2022)年度を目途）
・義務教育９年間を見通した指導体制の構築，教科指導の専門性を持った教師によるきめ細かな指導の充実，教師の負担軽減等
・新たに専科指導の対象とすべき教科（例えば外国語・理科・算数）や学校規模・地理的条件に応じた効果的な指導体制の在り方の検討，小中学校の連携促進
・専門性担保方策や人材確保方策と併せ，必要な教員定数の確保に向けて検討

② 義務教育９年間を見通した教師の養成等の在り方
・小学校と中学校の免許の教職課程に共通開設できる授業科目の範囲を拡大する特例を設け，両方の免許取得を促進
・中学校免許を有する者が，小学校で専科教員として勤務した経験を踏まえて小学校免許を取得できるよう制度を弾力化

（4）義務教育を全ての児童生徒等に実質的に保障するための方策

① 不登校児童生徒への対応
・SC・SSWの配置時間等の充実による相談体制の整備，教育支援センターの機能強化，不登校特例校の設置促進，教育委員会・学校とフリースクール等の民間の団体とが連携した取組の充実，自宅等でのICT活用等多様な教育機会の確保など，学校内外において，個々の状況に応じた段階的な支援
・児童生徒の支援ニーズの早期把握，校内別室における相談・指導体制の充実等の調査研究

② 義務教育未修了の学齢を経過した者等への対応
・全ての都道府県・指定都市における夜間中学の設置促進
・専門人材の配置促進による夜間中学の教育活動の充実や受入れ生徒の拡大

（5）生涯を通じて心身ともに健康な生活を送るための資質・能力を育成するための方策

●生涯を通じて心身共に健康な生活を送るための資質・能力（健康リテラシー等）を育成
●養護教諭の適正配置，学校医，学校歯科医，学校薬剤師等の専門家との連携，学校保健情報の電子化
●食育の推進を担う栄養教諭等の専門性に基づく指導の充実，栄養教諭の配置促進

（6）いじめの重大事態，虐待事案等に適切に対応するための方策

●成長を促す指導等の積極的な生徒指導の充実，児童虐待防止に向けた関係機関との連携強化
●学校だけでは対応が難しい，生徒指導上の課題との関連も指摘される背景や要因といった困難を抱える児童生徒への包括的な支援の在り方の検討，自殺予防の取組の推進等
●SC・SSWの配置時間等の充実，SNS等を活用した相談体制の全国展開などの教育相談体制の整備，スクールロイヤー等を活用した教育委員会における法務相談体制の整備
●学校いじめ防止基本方針の実効化，いじめ等の状況に関するデータの活用の促進，虐待の早期発見・通告，保護・自立支援を円滑に行うための学校における対応徹底や研修の実施等

3．新時代に対応した高等学校教育等の在り方について

（1）基本的な考え方

- 高等学校には様々な背景を持つ生徒が在籍していることから，生徒の多様な能力・適性，興味・関心等に応じた学びを実現することが必要
- 高等学校における教育活動を，高校生の学習意欲を喚起し，可能性及び能力を最大限に伸長するためのものへと転換
- 社会経済の変化や令和４年度から実施される新しい高等学校学習指導要領を踏まえた高等学校の在り方の検討が必要
- 生徒が高等学校在学中に主権者の１人としての自覚を深めていく学びが求められていることを踏まえ，学びに向かう力の育成やキャリア教育の充実を図ることが必要
- 新型コロナウイルス感染症の感染拡大を通じて再認識された高等学校の役割や価値を踏まえ，遠隔・オンラインと対面・オフラインの最適な組み合わせを検討

（2）高校生の学習意欲を喚起し，可能性及び能力を最大限に伸長するための各高等学校の特色化・魅力化

① 各高等学校の存在意義・社会的役割等の明確化（スクール・ミッションの再定義）
- 各設置者は，各学校の存在意義や期待される社会的役割，目指すべき学校像を明確化する形で再定義

② 各高等学校の入口から出口までの教育活動の指針の策定（スクール・ポリシーの策定）
- 各学校はスクール・ミッションに基づき，「育成を目指す資質・能力に関する方針」「教育課程の編成及び実施に関する方針」「入学者の受入れに関する方針」の３つの方針（スクール・ポリシー）を策定・公表
- 教育課程や個々の授業，入学者選抜等について組織的かつ計画な実施とともに不断の改善が必要

③「普通教育を主とする学科」の弾力化・大綱化（普通科改革）
- 「普通教育を主とする学科」を置く各高等学校が，各設置者の判断により，学際的な学びに重点的に取り組む学科，地域社会に関する学びに重点的に取り組む学科等を設置可能とする制度的措置
- 新たな学科における教育課程においては，学校設定教科・科目や総合的な探究の時間を各年次にわたって体系的に開設，国内外の関係機関との連携・協働体制の構築，コーディネーターの配置

④ 産業界と一体となって地域産業界を支える革新的職業人材の育成（専門学科改革）
- 地域の産官学が一体となり将来の地域産業界の在り方を検討，専門高校段階での人材育成の在り方を整理，それに基づく教育課程の開発・実践，教師の資質・能力の向上と施設・整備の充実
- 高等教育機関等と連携した先取り履修等の取組推進，3年間に限らない教育課程や高等教育機関等と連携した一貫した教育課程の開発・実施の検討

⑤ 新しい時代にこそ求められる総合学科における学びの推進
- 多様な開設科目という特徴を生かした教育活動を展開するため，教科・科目等とのつながりや2年次以降の学びとの接続を意識したカリキュラム・マネジメント，ICTの活用を伴った各高等学校のネットワーク化による他校の科目履修を単位認定する仕組みの活用，外部人材や地域資源の活用の推進

⑥ 高等教育機関や地域社会等の関係機関と連携・協働した高度な学びの提供
- 特色・魅力ある教育活動のため，地域社会や高等教育機関等の関係機関との連携・協働が必要
- 各学校や地域の実情に応じ，コンソーシアムという形も含めて関係機関との連携・協働をコーディネートする体制を構築
- 複数の高等学校が連携・協働して高度かつ多様なプログラムを開発・共有し，全国の高校生がこうした学習プログラムに参加することを可能とする取り組みの促進

（3）定時制・通信制課程における多様な学習ニーズへの対応と質保証

① 専門スタッフの充実や関係機関との連携強化，ICTの効果的な活用等によるきめ細やかな指導・支援
- SC・SSW等の専門スタッフの充実や関係機関等との連携促進
- 多様な学習ニーズに応じたICTを効果的に利活用した指導・評価方法の在り方等の検討

② 高等学校通信教育の質保証
- 通信教育実施計画の作成義務化，面接指導等実施施設の教育環境の基準や少人数による面接指導を基幹とすべきことの明確化，教育活動等に関する情報公開の義務化等による質保証の徹底

（4）STEAM教育等の教科等横断的な学習の推進による資質・能力の育成

- STEAMのAの範囲を芸術，文化のみならず，生活，経済，法律，政治，倫理等を含めた広い範囲で定義し推進することが重要
- 文理の枠を超えて教科等横断的な視点に立って進めることが重要
- 小中学校での教科等横断的な学習や探究的な学習等を充実
- 高等学校においては総合的な探究の時間や理数探究を中心としてSTEAM教育に取り組むとともに，教科等横断的な視点で教育課程を編成し，地域や関係機関と連携・協働しつつ，生徒や地域の実態にあった探究学習を充実

（5）高等専修学校の機能強化

- 国による教育カリキュラムの開発，地域・企業等との連携を通じた教育体制の構築支援，好事例の収集・分析・周知

8

４．新時代の特別支援教育の在り方について

（１）基本的な考え方

- 特別支援教育への理解・認識の高まり，制度改正，通級による指導を受ける児童生徒の増加等，インクルーシブ教育の理念を踏まえた特別支援教育をめぐる状況は変化
- 通常の学級，通級による指導，特別支援学級，特別支援学校といった連続性のある多様な学びの場の一層の充実・整備を着実に推進

（２）障害のある子供の学びの場の整備・連携強化

① 就学前における早期からの相談・支援の充実
- 関係機関や外部専門家等との連携による人的体制の充実
- 幼児教育の観点から特別支援教育を充実するため，教師や特別支援教育コーディネーター，特別支援教育支援員の資質向上に向けた研修機会の充実
- ５歳児健診を活用した早期支援や，就学相談における情報提供の充実

② 障害のある子供の就学相談や学びの場の検討等の支援について
- 就学相談や学びの場の検討等を支援する教育支援資料の内容の充実

③ 小中学校における障害のある児童生徒の学びの充実
- 特別支援学級の児童生徒が，特別支援学級に加え，在籍する学校の通常の学級の一員としても活動する取組の充実，年間指導計画等に基づく教科学習の共同実施
- チェックリストの活用等による通常の学級に在籍する特別な支援を必要とする児童生徒の特性の把握・支援，在籍する学校で専門性の高い通級による指導を受けるための環境整備
- 通級による指導の担当教師等の配置改善や指導体制の充実
- 学校施設のバリアフリー化の推進に向けた学校設置者の取組支援
- 通常の学級，通級による指導，特別支援学級といった障害のある児童生徒の多様な学びの場の一層の充実・整備等

④ 特別支援学校における教育環境の整備
- ICTを活用した職業教育に関する指導計画・指導法の開発
- 必要な最低基準としての特別支援学校の設置基準策定，教室不足の解消に向けた集中的な施設整備の取組推進
- 特別支援学校のセンター的機能の充実や設置者を超えた学校間連携を促進する体制の在り方の検討
- 知的障害者である児童生徒が各教科等において育むべき資質・能力を児童生徒に確実に身に付けさせる観点から，著作教科書（知的障害者用）を作成
- 特別支援学校に在籍する児童生徒が，地域の学校に副次的な籍を置く取組の一層の普及推進

⑤ 高等学校における学びの場の充実
- 小中学校から高等学校への適切な引き継ぎを行い，個別の教育支援計画や指導計画の作成・活用による適切な指導・支援を実施
- 通級による指導の充実や指導体制，指導方法など，高等学校における特別支援教育の充実，教師の資質向上のための研修
- 本人や保護者が障害の可能性に気が付いていない場合の支援体制の構築
- 卒業後の進路に対する情報の引継ぎなど，関係機関等の連携促進

（３）特別支援教育を担う教師の専門性向上

① 全ての教師に求められる特別支援教育に関する専門性
- 障害の特性等に関する理解や特別支援教育に関する基礎的な知識，個に応じた分かりやすい指導内容や指導方法の工夫の検討
- 教師が必要な助言や支援を受けられる体制の構築，管理職向けの研修の充実
- 都道府県において特別支援教育に係る資質を教員育成指標全般に位置づけるとともに，体系的な研修を実施

② 特別支援学級，通級による指導を担当する教師に求められる特別支援教育に関する専門性
- 個別の指導計画等の作成，指導，関係者間の連携の方法等の専門性の習得
- OJTやオンラインなどの工夫による参加しやすい研修の充実，発達障害のある児童生徒に携わる教師の専門性や研修の在り方に関する具体的な検討
- 小学校等教職課程において特別支援学校教職課程の一部単位の修得を推奨
- 特別支援学校教諭免許取得に向けた免許法認定講習等の活用

③ 特別支援学校の教師に求められる専門性
- 幅広い知識・技能の習得，専門的な知見を活用した指導，複数障害が重複している児童生徒への対応
- 広域での研修や人事交流の仕組みの構築，教員養成段階における内容の精選やコアカリキュラムの策定
- 特別支援学校教諭免許状取得に向けた国による教育委員会への情報提供等の促進，免許法認定通信教育の実施主体の拡大検討

（４）関係機関との連携強化による切れ目ない支援の充実

- 関係機関等と家庭の連携，保護者も含めた情報共有，保護者支援のための連携体制の整備，障害の有無に関わらず全ての保護者に対する支援情報や相談窓口等の情報共有
- 地域の就労関係機関との連携等による早期からのキャリア教育の充実
- 特別支援教育を受けてきた子供の指導や合理的配慮の状況等の学校間での引き継ぎに当たり，統合型校務支援システムの活用などの環境整備を実施
- 個別の教育支援計画（教育）・利用計画（福祉サービス）・個別支援計画（事業所）・移行支援計画（労働）の一体的な情報提供・共有の仕組みの検討に向け，移行支援や就労支援における特別支援学校と関係機関との役割や連携の在り方などの検討
- 学校における医療的ケアの実施体制の構築，医療的ケアを担う看護師の人材確保や配置等の環境整備
- 学校に置かれる看護師の法令上の位置付け検討，中学校区における医療的ケア拠点校の設置検討

9

5．増加する外国人児童生徒等への教育の在り方について

（1）基本的な考え方

- 外国人の子供たちが共生社会の一員として今後の日本を形成する存在であることを前提に，関連施策の制度設計を行うことが必要
- キャリア教育や相談支援の包括的提供，母語・母文化の学びに対する支援が必要
- 日本人の子供を含め，異文化理解・多文化共生の考え方に基づく教育の更なる取組

（2）指導体制の確保・充実

① 日本語指導のための教師等の確保

- 日本語と教科を統合した学習を行うなど，組織的かつ体系的な指導が必要
- 日本語指導が必要な児童生徒への指導体制の充実
- 日本語指導・母語による支援等の専門スタッフの配置促進と支援体制の構築

② 学校における日本語指導の体制構築

- 日本語指導の拠点となる学校の整備と，拠点校を中心とした指導体制の構築
- 集住・散在等，地域の実情を踏まえた体制構築の在り方の検討
- 拠点校方式等の指導体制構築や初期集中支援等の実践事例の周知

③ 地域の関係機関との連携

- 教育委員会，首長部局，地域のボランティア団体，日本語教室等の関係機関との連携促進
- 特に，教員養成大学や外国人を雇用する企業等との連携

（3）教師等の指導力の向上，支援環境の改善

① 教師等に対する研修機会の充実

- 「外国人児童生徒等教育を担う教師等の養成・研修モデルプログラム」の普及
- 日本語指導担当教師等が専門知識の習得を証明できる仕組みの構築

② 教員養成段階における学びの場の提供

- 教員養成課程における外国人児童生徒等に関する内容の位置付けの検討

③ 日本語能力の評価，指導方法・指導教材の活用・開発

- 「外国人児童生徒のためのJSL対話型アセスメントDLA」や外国人児童生徒等教育アドバイザーを活用した，日本語能力評価手法の普及促進
- 情報検索サイト「かすたねっと」に登録する教材等の充実や検索機能の充実，多言語により学校生活を紹介する動画コンテンツの作成・配信

④ 外国人児童生徒等に対する特別な配慮等

- 障害のある外国人児童生徒等に対して，障害の状態等に応じたきめ細かい指導・支援体制の構築
- 障害のある外国人児童生徒等の在籍状況や指導・支援の状況把握

（4）就学状況の把握，就学促進

- 学齢期の子供を持つ外国人に対する，就学促進の取組実施
- 学齢簿の編製にあたり全ての外国人の子供の就学状況についても一体的に管理・把握するなど地方公共団体の取組促進，制度的な対応の在り方の検討
- 義務教育未修了の外国人について，公立中学校での弾力的な受入れや夜間中学の入学案内の実施促進

（5）中学生・高校生の進学・キャリア支援の充実

- 外国人児童生徒等の進学・就職等の進路選択の支援
- 公立高等学校入学者選抜における外国人生徒等を対象とした特別の配慮（ルビ振り，辞書の持ち込み，特別定員枠の設置等）について，現状把握，情報共有による地方公共団体の取組促進
- 中学校・高等学校段階における進路指導・キャリア教育の取組促進
- 取出し方式による日本語指導の方法や制度的な在り方，高等学校版JSLカリキュラムの策定の検討
- 小・中・高等学校が連携し，外国人児童生徒等のための「個別の指導計画」を踏まえた必要な情報整理・情報共有の促進

（6）異文化理解，母語・母文化支援，幼児に対する支援

- 学校における異文化理解や多文化共生の考えが根付くような取組促進
- 異文化理解・多文化共生の考え方に基づく教育の更なる普及・充実，教員養成課程における履修内容の充実
- 家庭を中心とした母語・母文化定着の取組の促進，学校内外や就学前段階における教育委員会・学校とNPO・国際交流協会等の連携による母語・母文化に触れる機会の獲得
- 幼児期の特性を踏まえた指導上の留意事項等の整理，研修機会の確保

10

6．遠隔・オンライン教育を含むICTを活用した学びの在り方について

（1）基本的な考え方

- ICTはこれからの学校教育を支える基盤的なツールとして必要不可欠であり，心身に及ぼす影響にも留意しつつ，日常的に活用できる環境整備が必要
- 今般の新型コロナウイルス感染症のための臨時休業等に伴う遠隔・オンライン教育等の成果や課題については，今後検証
- ICTは教師と児童生徒との具体的関係の中で，教育効果を考えて活用することが重要であり，活用自体が目的化しないよう留意する必要
- 対面指導の重要性，遠隔・オンライン教育等の実践による成果や課題を踏まえ，発達の段階に応じ，ICTを活用しつつ，教師が対面指導と家庭や地域社会と連携した遠隔・オンライン教育とを使いこなす（ハイブリッド化）ことで，個別最適な学びと協働的な学びを展開

（2）ICTの活用や，対面指導と遠隔・オンライン教育とのハイブリッド化による指導の充実

① ICTの日常的な活用による授業改善
- ICTを日常的に活用できる環境を整え，「文房具」として自由な発想で活用できるようにし，「主体的・対話的で深い学び」の実現に向けた授業改善に生かす

② 学習履歴（スタディ・ログ）など教育データを活用した個別最適な学びの充実
- データ標準化等の取組を加速
- 個々の児童生徒の知識・技能等に関する学習計画及び学習履歴等のICTを活用したPDCAサイクルの改善や，円滑なデータの引き継ぎにより，きめ細かい指導や学習評価の充実，学習を改善
- 全国の学校でCBTを活用した学習診断などができるプラットフォームの構築
- 学校現場における先端技術の効果的活用に向けた活用事例等の整理・周知

③ 全国的な学力調査のCBT化の検討
- 全国学力・学習状況調査のCBT化について専門的・技術的な観点から検討を行うとともに，小規模から試行・検証に取り組み，段階的に規模・内容を拡張・充実

④ 教師の対面指導と遠隔授業等を融合した授業づくり
- 発達の段階に応じて，学校の授業時間内において，対面指導に加え，目的に応じ遠隔授業やオンデマンドの動画教材等を取り入れた授業モデルの展開

⑤ 高等学校における遠隔授業の活用
- 同時双方向型の遠隔授業について，単位数の算定，対面により行う授業の実施等の要件を見直し，対面指導と遠隔授業を融合させた柔軟な授業方法を可能化

⑥ デジタル教科書・教材の普及促進
- 学習者用デジタル教科書の効果・影響について検証しつつ，使用の基準や教材との連携等も含め，学びの充実の観点から今後の在り方等について検討
- 令和６年度の小学校用教科書改訂までの間においても，紙との併用が可能な環境下で学習者用デジタル教科書・教材の使用が着実に進むよう普及促進を図る

⑦ 児童生徒の特性に応じたきめ細かな対応
- 不登校児童生徒，障害のある児童生徒，日本語指導が必要な児童生徒を支援しやすい環境の構築に向け，統合型校務支援システムの活用や帳票の共通化等により，個別の支援計画等の作成及び電子化を推進
- 遠隔技術等を用いた相談・指導の実施，ICTを活用した学習支援，デジタル教材等の活用を推進
- 障害のある児童生徒に対する遠隔技術を活用した自立活動支援に係る実践的研究

⑧ ICT人材の確保
- 企業，大学等と連携し，地方公共団体がGIGAスクールサポーター，ICT支援員等のICT人材を確保しやすい仕組みの構築，人材確保・活用事例の全国展開
- 事務職員に対するICTに関する研修等の充実
- 教育委員会において，外部人材の活用も含めたICTの専門家の意思決定を伴う立場への配置促進，ICT活用教育アドバイザーの活用推進

（3）特例的な措置や実証的な取組等

① 臨時休業時等に学校と児童生徒等の関係を継続し学びを保障するための取組
- 感染症や自然災害等により，児童生徒等がやむを得ず登校できない場合における，学校の教育活動の継続，学びの保障の着実な実施に向けた制度的な措置等の検討・整理

② 学校で学びたくても学べない児童生徒への遠隔・オンライン教育の活用
- 学校で学びたくても学べない児童生徒（病気療養，不登校等）に対し，遠隔・オンライン教育を活用した学習を出席扱いとする制度や，成績評価ができる制度の活用促進に向けた好事例の周知，制度の活用状況の分析，より適切な方策の検討

③ 個々の才能を存分に伸ばせる高度な学びの機会など新たな学びへの対応
- 特異な才能のある児童生徒に対し，大学や研究機関等の社会の多様な人材・リソースを活用したアカデミックな知見を用いた指導に係る実証的な研究開発を推進
- 義務教育段階において，教科等の特質を踏まえつつ，教科等ごとの授業時数の配分について一定の弾力化が可能となる制度を設ける
- 特別な配慮を要する児童生徒に対し，特別の教育課程を編成し，学校外での受講も可能とする遠隔教育を行う特例的な措置を講じ，対面指導と遠隔教育とを最適に組み合わせた指導方法の研究開発を実施
- 高等学校段階において，家庭における同時双方向型オンライン学習を授業の一部として特例的に認め，対面指導と遠隔・オンライン教育とのハイブリッド化を検討

7．新時代の学びを支える環境整備について

（1）基本的な考え方

● 全ての子供たちの可能性を引き出す個別最適な学びと協働的な学びを実現し，教育の質の向上を図るとともに，新たな感染症や災害の発生等の緊急時にあっても全ての子供たちの学びを保障するため，「GIGAスクール構想」の実現を前提とした新しい時代の学びを支える学校教育の環境整備を図る

（2）新時代の学びを支える教室環境等の整備

● 「１人１台端末」や遠隔・オンライン教育に適合した教室環境や教師のICT環境の整備 ● 学校図書館における図書の充実を含む環境整備など既存の学校資源の活用促進
● 「新しい生活様式」も踏まえ健やかに学習できる衛生環境の整備やバリアフリー化

（3）新時代の学びを支える指導体制等の計画的な整備

● 「１人１台端末」の活用等による児童生徒の特性・学習定着度等に応じたきめ細かな指導の充実や，「新しい生活様式」を踏まえた身体的距離の確保に向け，少人数によるきめ細かな指導体制や小学校高学年からの教科担任制の在り方等の検討を進め，新時代の学びを支える指導体制や必要な施設・設備を計画的に整備

（4）学校健康診断の電子化と生涯にわたる健康の保持増進への活用

● 学校健康診断及びその結果の電子化の促進は，心身の状況の変化への早期の気付きや，エビデンスに基づく個別最適な指導・支援の充実等のほか，働き方改革にも有効
● PHR（Personal Health Record）の一環として，学齢期の健康診断情報を電子化し，生涯にわたる健康づくり等への活用に向けた環境整備

8．人口動態等を踏まえた学校運営や学校施設の在り方について

（1）基本的な考え方

● 少子高齢化や人口減少等により子供たちを取り巻く状況が変化しても，持続的で魅力ある学校教育が実施できるよう，学校配置や施設の維持管理，学校間の連携の在り方について検討が必要

（2）児童生徒の減少による学校規模の小規模化を踏まえた学校運営

① **公立小中学校等の適正規模・適正配置等について**
・ 教育関係部局と首長部局との分野横断的な検討体制のもと，新たな分野横断的実行計画の策定等により教育環境の向上とコスト最適化
・ 義務教育学校化を含む地方公共団体内での統合，分校の活用，近隣の地方公共団体との組合立学校の設置等による学校・学級規模の確保
・ 少人数を生かしたきめ細かな指導の充実，ICTを活用した遠隔合同授業等による小規模校のメリット最大化・デメリット最小化

② **義務教育学校制度の活用等による小中一貫教育の推進**
・ 小中一貫教育の優良事例の発掘，横展開

③ **中山間地域や離島などに立地する学校における教育資源の活用・共有**
・ 中山間地域や離島等の高校を含めたネットワークを構築し，ICTも活用してそれぞれが強みを有する科目の選択的履修を可能とし，小規模校単独ではなし得ない教育活動を実施

（3）地域の実態に応じた公的ストックの最適化の観点からの施設整備の促進

● 子供たちの多様なニーズに応じた施設機能の高機能化・多機能化，防災機能強化
● 地域の実態に応じ，小中一貫教育の導入や学校施設の適正規模・適正配置の推進，長寿命化改良，他の公共施設との複合化・共用化など，個別施設計画に基づく計画的・効率的な施設整備

12

9．Society5.0時代における教師及び教職員組織の在り方について

（1）基本的な考え方

- AIやロボティクス，ビッグデータ，IoTといった技術が発展したSociety5.0時代の到来に対応し，教師の情報活用能力，データリテラシーの向上が一層重要
- 教師や学校は，変化を前向きに受け止め，求められる知識・技能を意識し，継続的に新しい知識・技能を学び続けていくことが必要であり，教職大学院が新たな教育課題や最新の教育改革の動向に対応できる実践力を育成する役割を担うことも大いに期待
- 多様な知識・経験を持つ人材との連携を強化し，そういった人材を取り込むことで，社会のニーズに対応しつつ，高い教育力を持つ組織となることが必要

（2）教師のICT活用指導力の向上方策

- 国で作成されたICTを活用した学習場面や各教科等の指導におけるICT活用に係る動画コンテンツについて，教職課程の授業における活用を促進
- 教職課程において各教科に共通して修得すべきICT活用指導力を総論的に修得できるように新しく科目を設けることや，教職実践演習において模擬授業などのICTを活用した演習を行うこと等について検討し，教職課程全体を通じた速やかな制度改正等が必要
- 教師のICT活用指導力の充実に向けた取組について大学が自己点検評価を通じて自ら確認することや，国において大学の取組状況のフォローアップ等を通じて，大学が実践的な内容の授業を確実に実施できる仕組みの構築
- 都道府県教育委員会等が定める教師の資質・能力の育成指標における，ICT活用指導力の明確化等による都道府県教育委員会等の研修の体系的かつ効果的な実施
- 教師向けオンライン研修プログラムの作成など，研修コンテンツの提供や都道府県における研修の更なる充実
- 教員研修等におけるICT機器の積極的な使用やオンラインも含めた効果的な実施

（3）多様な知識・経験を有する外部人材による教職員組織の構成等

- 「社会に開かれた教育課程」の実現に向け，地域の人的資源等を活用し，学校教育を社会との連携の中で実現
- 社会教育士を活用し，学校と地域が連携した魅力的な教育活動の企画・実施
- 社会人等の勤務と学修時間の確保の両立に向けた，教職特別課程における修業年限の弾力化等による制度活用の促進
- 従来の特別免許状とは別に，より短期の有効期間で柔軟に活用できる免許状の授与等により，多様な人材が参画できる柔軟な教職員組織の構築

（4）教員免許更新制の実質化について

- 教員免許更新制が現下の情勢において，子供たちの学びの保障に注力する教師や迅速な人的体制の確保に及ぼす影響の分析
- 教員免許更新制や研修を巡る制度に関する包括的検証の推進により，必要な教師数の確保とその資質・能力の確保が両立できるような在り方の総合的検討

（5）教師の人材確保

- 教師の魅力を発信する取組の促進，学校における働き方改革の取組や教職の魅力向上策の国による収集・発信や，民間企業等に就職した社会人等を対象とした，教職に就くための効果的な情報発信
- 教員免許状を持つものの教職への道を諦めざるを得なかった就職氷河期世代等が円滑に学校教育に参画できる環境整備
- 高い採用倍率を維持している教育委員会の要因の分析・共有等による，中長期的視野からの計画的な採用・人事の推進

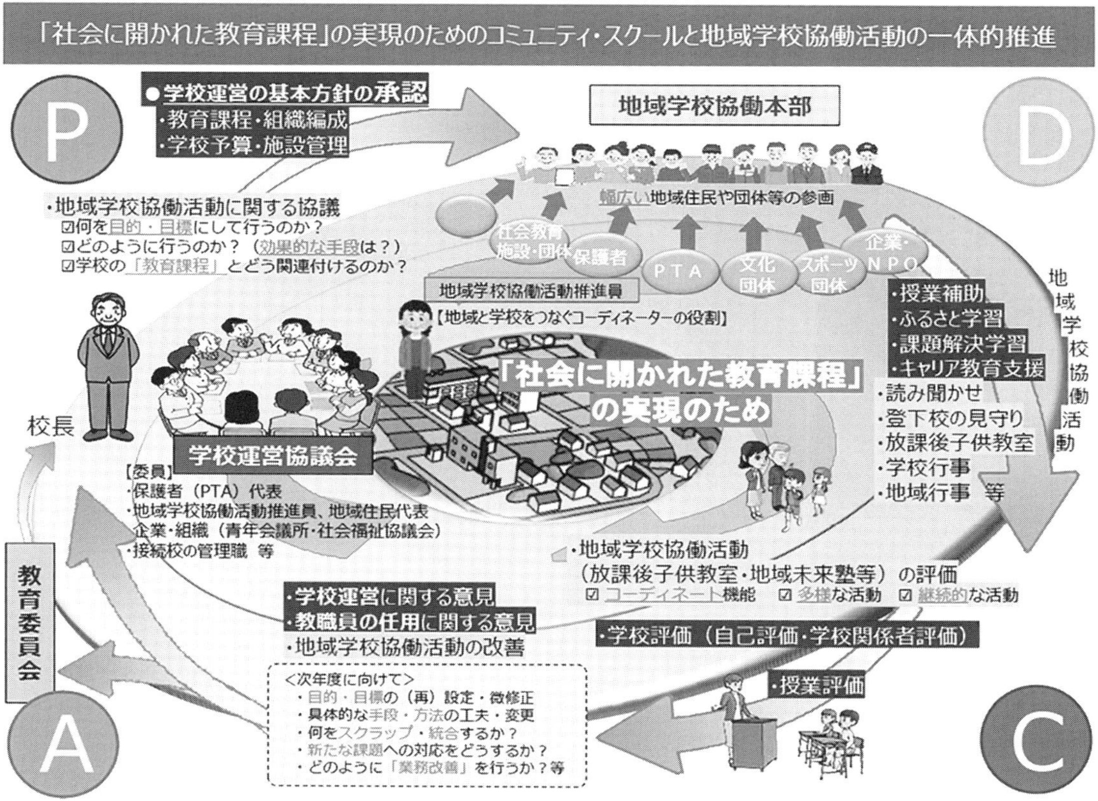
「社会に開かれた教育課程」の実現のためのコミュニティ・スクールと地域学校協働活動の一体的推進
P
●学校運営の基本方針の承認
・教育課程・組織編成
・学校予算・施設管理
・地域学校協働活動に関する協議
☑何を目的・目標にして行うのか？
☑どのように行うのか？（効果的な手段は？）
☑学校の「教育課程」とどう関連付けるのか？
校長
学校運営協議会
【委員】
・保護者（PTA）代表
・地域学校協働活動推進員、地域住民代表
企業・組織（青年会議所・社会福祉協議会）
・接続校の管理職　等
D
地域学校協働本部
幅広い地域住民や団体等の参画
社会教育施設・団体
保護者
PTA
文化団体
スポーツ団体
企業・NPO
地域学校協働活動推進員
【地域と学校をつなぐコーディネーターの役割】
「社会に開かれた教育課程」の実現のため
・授業補助
・ふるさと学習
・課題解決学習
・キャリア教育支援
・読み聞かせ
・登下校の見守り
・放課後子供教室
・学校行事
・地域行事　等
地域学校協働活動
C
・地域学校協働活動
（放課後子供教室・地域未来塾等）の評価
☑コーディネート機能　☑多様な活動　☑継続的な活動
・学校評価（自己評価・学校関係者評価）
・授業評価
A
教育委員会
・学校運営に関する意見
・教職員の任用に関する意見
・地域学校協働活動の改善
＜次年度に向けて＞
・目的・目標の（再）設定・微修正
・具体的な手段・方法の工夫・変更
・何をスクラップ・統合するか？
・新たな課題への対応をどうするか？
・どのように「業務改善」を行うか？等

索　引

あ　行

か　行

さ　行

た　行